OSMAR BARBOSA

PARAFRASEANDO CHICO XAVIER

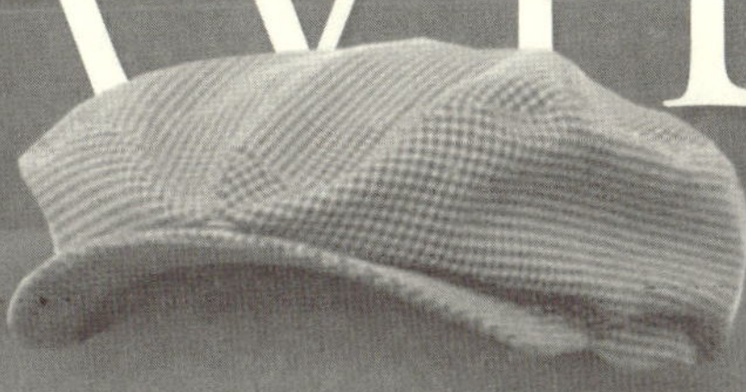

Seleção das mais belas frases de Chico Xavier

PARAFRASEANDO CHICO XAVIER

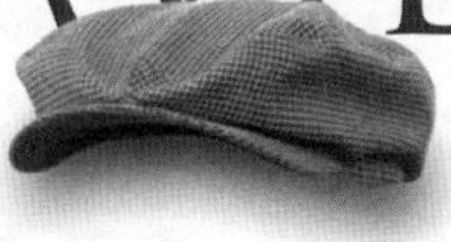

OSMAR BARBOSA

PARAFRASEANDO CHICO XAVIER

Seleção das mais belas frases de Chico Xavier

BOOK ESPÍRITA EDITORA

Book Espírita Editora

1ª Edição

| Rio de Janeiro | Março | 2020 |

Do Autor

Este livro é uma seleção das mais belas frases psicografadas por Chico Xavier, colhidas em vários de seus livros.

Cada página fala, com delicadeza e sabedoria, sobre temas específicos: respeito, amor fraterno, solidariedade, paciência, compaixão, felicidade, fé e cura...

As frases escolhidas também abordam temas como sofrimento, dúvida, vida após a vida e muito mais...

Esse livro vai ajudar você, leitor amigo, a celebrar os bons momentos da vida, e também vai confortá-lo nos momentos mais difíceis.

Escrevi esse livro em um momento muito especial de minha vida. Espero que essa obra atinja seus objetivos e, além disso, consiga semear o amor em todos os corações. Afinal, Chico Xavier é sempre um bom exemplo a ser seguido.

Osmar Barbosa

Capa
Marco Mancen

Projeto Gráfico e Diagramação
Marco Mancen Design Studio

Revisão
Mauro Nogueira
Priscilla Melo

Marketing e Comercial
Michelle Santos

Pedidos de Livros e Contato Editorial
comercial@bookespirita.com.br

1ª edição
Prefixo Editorial: 92620
Impresso no Brasil
ISBN: 978-85-92620-47-9

O autor cedeu os direitos autorais deste livro à Fraternidade Espírita Amor e Caridade.

Rua: São Sebastião, 162 - Itaipu - Niterói - RJ

www.fraternidadeespirita.org

Outros livros psicografados por Osmar Barbosa

Cinco Dias no Umbral

Gitano - As Vidas do Cigano Rodrigo

O Guardião da Luz

Orai & Vigiai

Colônia Espiritual Amor e Caridade

Ondas da Vida

Antes que a Morte nos Separe

Além do Ser - A História de um Suicida

A Batalha dos Iluminados

Joana D'Arc - O Amor Venceu

Eu Sou Exu

500 Almas

Cinco Dias no Umbral - O Resgate

Entre nossas Vidas

O Amanhã nos Pertence

O Lado Azul da Vida

Mãe,Voltei!

Depois...

O Lado Oculto da Vida

Entrevista com Espíritos - Os Bastidores do Centro Espírita

Colônia Espiritual Amor e Caridade - Dias de Luz

O Médico de Deus

Amigo Fiel

Impuros - A Legião de Exus

Vinde à Mim

Autismo - A escolha de Nicolas

Umbanda para Iniciantes

Agradecimento

Agradeço primeiramente a Deus por ter me concedido este verdadeiro privilégio de servir humildemente como um mero instrumento dos planos superiores.

Agradeço a Jesus Cristo, espírito modelo, por guiar, conduzir e inspirar meus passos nessa desafiadora jornada terrena.

Agradeço aos meus mentores espirituais por estarem ao meu lado me orientando durante o tempo em que escrevi esse livro. Agradeço ainda pela oportunidade e por permitirem que essas humildes palavras registradas nesse livro ajudem as pessoas a refletirem sobre suas atitudes, evoluindo.

Agradeço ainda à minha família pela cumplicidade, compreensão e dedicação. Sem vocês ao meu lado, me dando todo tipo de suporte, nada disso seria possível.

E agradeço a você, leitor amigo, que comprou esse livro, e, com a sua colaboração, nos ajudará a levar a Doutrina Espírita e todos os seus benefícios e ensinamentos para mais e mais pessoas.

A todos, os meus mais sinceros agradecimentos.

Osmar Barbosa

Prefácio

Conheci o espiritismo aos dezoito anos de idade, foi quando comecei a namorar a mãe do meu primeiro filho. Eu a acompanhava todos os sábados ao centro espírita que havia na nossa cidade. Ela era médium e trabalhava com seus guias espirituais em um pequenino centro de Umbanda.

O encontro foi inesquecível. Eu, com apenas dezoito anos, sem nunca ter ouvido falar de espíritos, me vi diante de uma doutrina que logo adotei para o resto da minha vida.

As dúvidas eram cruéis. Como assim espíritos? Quem eu sou? De onde vim? Para onde vou? E por aí foram meus questionamentos.

E olha que não foram poucos...

Após muitas respostas vazias, foi no Pentateuco Espírita que me encantei com essa religião. E ela entrou em mim, transformando-me totalmente.

Passei então a devorar variada literatura.

Naquela época, eu tinha ouvido falar de um mineiro muito humilde que já havia escrito diversos livros e que fazia muita caridade na pequena cidade em que vivia. Era ele Francisco Cândido Xavier.

Até hoje me arrependo muito de não ter ido até Uberaba para, pelo menos, olhar para o iluminado instrutor.

Sou, certamente, o leitor mais apaixonado das obras de Chico. Leio tudo o que ele escreveu. Até hoje procuro, nos sebos, livros antigos psicografados por ele para ler, e quando encontro, meu universo se expande e meu coração se enche de alegria.

Falar sobre Chico Xavier é algo que nunca havia imaginado. Até que, após muitos anos de trabalho no espiritismo, me chegaram os livros.

Assim, me aproximei ainda mais dos ensinamentos transcritos nas obras psicografadas pelo ilustre escritor.

Um homem que veio com a mais bela das missões espirituais que conheço. Chico veio para modificar, transformar, reescrever os ensinamentos cristãos de que tanto precisamos. Um educador nato.

Sua simplicidade é singular. Seu jeito de tratar o próximo, um exemplo. Sua humildade mostra o caráter do "escritor do Cristo"- assim o chamo carinhosamente.

Chico Xavier não veio para escrever, ele veio para

modificar corações através de sua literatura, suas palavras, seus gestos e, principalmente, da sua humildade. Ele veio para direcionar almas aflitas e acolher almas sofredoras. É isso que penso.

Chico foi e é a voz dos corações aflitos, que se encontram nos planos espirituais sofrendo a saudade de dois mundos, assim ele dizia.

Além de todas as mensagens consoladoras, e foram muitas, Chico trouxe conforto aos pais que ainda não tinham entendido o significado do amor. O significado das separações temporárias que servem para aumentar o mais nobre dos sentimentos, como dito acima: “o amor”.

Eu, sinceramente, não encontro palavras que definam esse homem, por mais que tente procurá-las.

Acho, sinceramente, que ainda não existe palavra que possa defini-lo. Talvez haja, no mundo espiritual, algo que o defina.

Quando me convidaram para escrever essa obra, primeiramente me senti honrado e depois compreendi a responsabilidade e a importância que é interpretar as palavras desse amigo instrutor com minhas simples palavras.

Agradeço à espiritualidade por essa oportunidade de escrever sobre Chico Xavier da forma que me escolheram para escrever.

Agradeço ainda aos seus mentores que me permitiram essas linhas.

Eu não sei se conseguiria compreender o espiritismo se não tivesse lido várias obras desse maravilhoso professor. Espero, sinceramente, que as reflexões desse livro possam te auxiliar a evoluir tornando-se um espírito perfeito, destino de todos nós.

Osmar Barbosa.

Ofereço esse livro aos companheiros da Fraternidade Espírita Amor e Caridade, com a minha eterna gratidão pelo trabalho desempenhado todos os dias em favor de nossos semelhantes, sigamos unidos os passos do nosso amado instrutor Francisco Cândido Xavier.

Chico Xavier

Sumário

Siga em frente

"Embora ninguém possa voltar atrás e fazer um novo começo, qualquer um pode começar agora a fazer um novo fim."

Chico Xavier

O destino dos espíritos criados simples e ignorantes é a perfeição, e são as provas que nos levam a esse destino. Erramos tentando conseguir acertar, acertamos quando preenchemos os vazios existenciais com o mais nobre dos sentimentos. Com a tarefa do bem.

Nossa capacidade de transformar é maior do que a de refazer, somos capazes de muitas coisas quando acreditamos no que realmente somos.

Só quem se sente derrotado é incapaz de reconstruir, e é refazendo o caminho que reconstruiremos a estrada que nos leva à perfeição.

Nossos medos são pequenos diante da vontade que precisamos para nos superarmos todos os dias.

Recomeçar não é se humilhar, recomeçar é reconhecer que se pode fazer melhor e, fazendo melhor, adquirimos as qualidades necessárias para a vida futura.

Precisamos olhar atentamente para os propósitos de Deus quando Ele nos enviou para essa nobre encarnação.

Definitivamente, é preciso despertar e observar melhor tudo aquilo que nos cerca.

Não há oportunidade sem lição.

Sigamos o exemplo de Chico Xavier que mesmo diante de tantas dificuldade, jamais desistiu...

Imagine se esse abnegado instrutor tivesse desistido de tudo o que fez diante da primeira crítica?

Se ele tivesse deixado de lado a sua nobre missão?

Cada um de nós tem aquilo que precisa para vencer.

As armas e as ferramentas já estão impregnadas em nosso ser.

Creia, você é o motivo de tudo!

Osmar Barbosa

Suas qualidades

"Não exijas dos outros qualidades que ainda não possuem. A árvore nascente aguarda-te a bondade e a tolerância para que te possa ofertar os próprios frutos em tempo certo."

Chico Xavier

Nascemos do encontro de dois espíritos decididos a proporcionar uma nova vida a um novo ser. Esse é um dos resultados do amor.

"Chegamos sem entendermos os reais motivos da existência e através das experiências diárias, vamos lentamente adquirindo sabedoria e intelecto para entender os reais motivos da vida"

Boas árvores, bons frutos...

Assim se reconhece o amor.

És as somas das experiências encontradas.

Ainda há muitas vitórias e derrotas que precisarás expiar para que te tornes o desejo da criação.

Seja exemplo por onde passar.

Seja humilde de coração.

Transforme sempre o rancor em perdão.

Olhe para seus semelhantes como criaturas que precisam expiar, assim fica mais fácil a compreensão.

Todos estão no laboratório da vida, expiando, experimentando. Por vezes, precisamos trocar a fórmula para alcançar o objetivo.

Não julgue para que não seja julgado, já nos alertava o nobre instrutor.

Aquilo que semeias, colherás.

Assim, seja caridoso e distribua compreensão e amor.

Osmar Barbosa

Deixe algum sinal

"Deixe algum sinal de alegria, onde passes."

Chico Xavier

Se te encontras em agonia... ore.

Se te sentes demasiadamente infeliz... ore.

Se em tua vida só há tristeza... alegra-te, pois vossas experiências estão a lhe fortalecer.

É na dor que compreendemos as dores alheias. À primeira vista, tu és o nada como todos o são. Mas se te dedicares ao amar e ao amor, certamente serás reconhecido pelas bondades que deixarás pelo caminho.

Ontem, tristeza...

Hoje, sabedoria...

Amanhã, paz espiritual.

Os espíritos são as estrelas de Deus sobre a Terra.

São pequenas faíscas do Pai eterno.

Somos o motivo para tudo o que foi criado.

A essência do espírito é o amor.

És o aluno rebelde que rejeita a lição.

Mas o tempo nos modificará, ele transforma tudo a seu redor.

Por onde passares, marque corações com a bondade que é possível alcançar.

Só o amor edifica, enobrece e alivia.

O amor é transformador.

Sem amor, somos borboletas sem asas.

Seja exemplo por onde passar...

Osmar Barbosa

Quem és tu?

"Ninguém quer saber o que fomos, o que possuíamos, que cargo ocupávamos no mundo; o que conta é a luz que cada um já tenha conseguido fazer brilhar em si mesmo."

Chico Xavier

Diz o mestre: Sois deuses...

Até quando a ignorância do divino vai habitar em ti?

Até quando negarás que és o deleite do Criador?

Até quando deixarás de lado as necessidades evolutivas e te entregarás à vida com Deus?

O objetivo é a perfeição...

O resultado é a soma daquilo que pensas, sentes e praticas todos os dias.

Até quando deixarás de lado essas instruções?

Haverá certamente o dia em que implorarás por essas orientações.

Seja você o melhor aluno da vida.

Dê ao Pai a alegria de vencer o mundo, como nosso amado irmão Jesus o fez.

Diante do impossível, seja você o primeiro a passar da vida sem amor para uma vida plena com todas as qualidades que o Pai te ofertou.

Não desperdices as oportunidades evolutivas.

Ame mais.

Seja sincero.

Seja amigo.

Seja real, pois, sendo assim, serás recebido pelo portão principal da vida eterna.

Não deixe esse mundo pelas portas dos fundos.

Tenha dignidade.

Seja o bom filho que à casa torna para o encontro do amor.

Osmar Barbosa

Modifica-te todos os dias

"Sempre recebi os elogios como incentivos dos amigos para que eu venha a ser o que tenho consciência de que ainda não sou."

Chico Xavier

Sabes quem és tu?

De onde vens?

Por que vieste?

Para onde vais? Ou pensas que não haverá novos destinos?

És um pequeno inseto voando sobre a vasta floresta da criação, onde tudo há para tua felicidade plena.

És a escolha. O escolhido para vencer.

Ainda que não tenhas a certeza das existências futuras, saiba que Ele assim o fez, para que lutes todos os dias contra as más inclinações e ser você o exemplo que Ele deseja.

Nada se perde na criação.

Tudo e todos estão ligados às diretrizes divinas.

Mesmo sem perceber, caminhas em direção à perfeição, pois foste para isso criado.

Homens, mulheres, crianças, animais, todos estão nesta linda caminhada a que chamamos de... amor.

Só se evolui estando e experimentando ao lado de outros espíritos.

O ermitão que prefere a solidão, nem assim o consegue viver.

Viemos para experimentar juntos e juntos retornaremos ao lugar de origem, onde tudo recomeça.

Osmar Barbosa

A vida é uma luta eterna

"A gente deve lutar contra o comodismo e a ociosidade; caso contrário, vamos retornar ao mundo espiritual com enorme sensação de vazio. Dizem que eu tenho feito muito, mas, para mim, não fiz um décimo do que deveria ter feito."

Chico Xavier

A boa ferramenta só atinge seu objetivo quando empregada com precisão.

Não adianta um machado afiado se o lenhador não tiver força suficiente para golpear a madeira.

Sois os trabalhadores da última hora. Há a palavra direcionadora em todos os evangelhos.

Seja merecedor da boa colheita. E seja o semeador daquilo que será útil àqueles que ama.

Não há no mundo coisa alguma que levarás para a vida após a vida.

Só lhe será útil e proveitoso aqueles que te sentem saudade, aquilo que de bom fizestes enquanto entre eles estiveste.

Seja o exemplo. A luz. O orgulho e o amor.

De que adianta uma vida cheia de prazeres se levas na alma as mazelas da encarnação?

De que adianta a fortuna se não há gavetas em teu caixão?

Qual o maior patrimônio que podes construir? O que é de melhor deixar?

Dentro da minha insignificante encarnação, eu aconselho, simplesmente, juntar, no banco da vida, a caridade, a bondade, o amor e a união.

"Essas são as virtudes que precisarás" para viver melhor na vida após a vida.

Seus tesouros são portáteis, leva-os para onde for.

Osmar Barbosa

Não te aflijas

"A questão mais aflitiva para o espírito no Além é a consciência do tempo perdido."

Chico Xavier

Quando te encontrares com as tuas realidades, verás quão tolo fostes na vida pretérita.

Chorarás por dias ou até semanas o arrependimento de não teres acreditado na vida após a vida.

Muitos sofrem por anos o arrependimento.

O que é necessário para que possas crer que és eterno? Será que precisas de mais provas?

O que mais o Pai tem que fazer?

É pouco o que teus olhos enxergam?

Até quando negarás o óbvio?

Por que insistes em negar aquilo que está estabecido em ter coração? Aquilo que é dito por todas as gerações?

Sinta dentro de ti, Ele te instrui todos os dias.

Olhe a seu redor e enxergue o que Ele te mostra todos os dias. Veja sua grandeza e admire o que teu Pai fez para ti.

Ele te ama muito. Ele te ama tanto que nos deu seu amado filho para nos direcionar ao caminho do amor.

Lembremo-nos que Ele é o caminho, a verdade, e a vida! E que ninguém vai ao Pai senão por Ele.

O que mais necessitas para crer?

O que mais precisas para saber?

A imperfeição nos cega.

Cegos da fé, seguimos um pequeno feixe de luz que instintivamente nos direciona a buscarmos sempre a paz interna e as respostas para o amor.

Somos viajores de um tempo eterno e, dentro dessa eternidade, um dia seremos perfeitos, como diz o Senhor!

Osmar Barbosa

A Felicidade real

"A felicidade real começa em fazer a felicidade dos outros."

Chico Xavier

O desânimo é como uma erva daninha capaz de destruir qualquer sonho.

Não te entregues sem luta. Seja o exemplo de superação.

Seja o general de sua trajetória. O tenente da sua vida. O sargento da vitória e o soldado da luta.

O dia só termina quando teu corpo cansa.

A derrota só se deleita naquele que não consegue vencer.

A felicidade é o objetivo de todos os seres da criação.

Observe o beija-flor que, de flor em flor, colhe o alimento que precisa para viver.

Seja feliz no evangelho do amor.

Colha nos bons os ensinamentos que te farão melhor.

Melhore-se sempre, pois vale a pena ser assim.

Não te importes com as opiniões alheias, elas não servem para te engrandecer.

Bons conselhos encontrarás no evangelho do amor.

Quando necessitares de energia para lutar, busca no Cristo a lição do dia.

Sem Ele, somos vazios...

Com Ele, estamos preenchidos e prontos para a felicidade eterna.

Há moradas a te esperar, lembra-te: "Há muitas moradas na casa do meu Pai", assim Ele disse.

Jesus, palavra de amor.

Evangelho, lição diária para a felicidade plena.

Osmar Barbosa

As escolhas

"A vida é sempre o resultado de nossa própria escolha."

Chico Xavier

São elas que te definem...

São as escolhas que moldam tua felicidade...

É através delas que nos encontramos ou nos separamos dos objetivos encarnatórios.

Antes de vir, escolhestes com quem experimentarias.

Agora, estais diante das provas que escolheste para suportar.

Não há acasos nos desígnios divinos.

Estamos ligados uns aos outros, mesmo sem perceber.

Portanto, faça sempre a melhor escolha.

Ela é a que fará o teu coração sorrir.

Seja sincero sempre, pois a sinceridade une ou afasta aqueles que não servem para ti.

A verdade dói quando empregada com respeito e na hora acertada.

Mas essa mesma verdade une e separa aqueles que não querem o seu bem.

A caminhada é séria.

Com seriedade, deveis encarar a vida.

Por que pediste muito para estar onde estais agora?

Na verdade, imploraste por essa vida.

Aproveite, ame, seja verdadeiro, saiba fazer as suas escolhas.

São elas que te definirão na vida eterna.

Osmar Barbosa

A felicidade

"Em matéria de felicidade convém não esquecer que nos transformamos sempre naquilo que amamos."

Chico Xavier

Há o amor...

Ele é capaz de tanta coisa.

O amor é transformador, é instrutor, é manso, suave e belo.

O amor é o único sentimento que levamos para a vida eterna. É ele quem nos modifica, nos engrandece, nos faz enxergar coisas que os olhos são incapazes de ver, que nos modifica.

A felicidade é companheira inseparável do amor.

Ela é que mostra aquilo que há de melhor dentro do espírito eterno.

Felicidade e amor são companheiros inseparáveis, e sem eles fica muito difícil de se viver.

Sem felicidade e amor, somos vespas fora do ninho, somos pássaros sem asas, somos esquecidos no amor.

Vale muito a pena buscar nos lugares mais longínquos da vida o que te transformará em amor.

O mundo te pertence...

Não se molde às coisas da vida material, pois não fazem parte do seu ser espiritual.

Busque, nas coisas do espírito, aquilo que logo, logo encontrarás.

Somos espíritos milenares e imortais, habitando temporariamente um corpo físico. O corpo físico não é a nossa essência, é apenas uma roupagem, uma casca que reveste o espírito.

A nossa essência é o espírito, esse é o nosso verdadeiro patrimônio. Ele é único e indivisível.

Nossas experiências são únicas. Nossas conquistas morais e intelectuais, ao longo de nossa existência milenar em inúmeras outras encarnações, são nosso patrimônio eterno.

Osmar Barbosa

Caminhes em frente

"Quem se aceita como é, doando de si à vida o melhor que tem, caminha mais facilmente para ser feliz como espera ser."

Chico Xavier

És o que escolheste ser.

Não há a menor possibilidade de teres aquilo que não imploraste antes de vir.

Tudo o que tiveste até o dia de hoje, o que tens e o que terás, foram requisitados por ti antes da vinda a esta vida.

Essas são as ferramentas de que necessitas para evoluir. Algumas vão te machucar, mas elas servem para te moldar. Outras vão te revelar as coisas da vida.

Não há transformação sem dor.

O cinzel precisa chocar-se fortemente com a rocha para lhe moldar a forma.

O ferro, antes de ser o que é, precisa passar pelo inferno do calor para moldar-se na mais bela estrutura capaz de suportar cargas inimagináveis.

Portanto, és moldado todos os dias.

É através das provas que melhoras todos os dias.

É através da dor que amadureces a alma.

É através das lutas diárias que fortaleceste a vontade de vencer.

É através das vitórias que és convidado a conhecer o perdão.

Portanto, vença, há sempre um derrotado.

Aceite sua vida com amor, pois é através dela que chegastes até aqui.

Seja o bom pastor, o bom filho que por onde passa, fala, sente e espalha o amor.

Osmar Barbosa

Fora da caridade não há salvação

"Se Allan Kardec tivesse escrito que 'fora do Espiritismo não há salvação', eu teria ido por outro caminho. Graças a Deus ele escreveu 'Fora da Caridade', ou seja, fora do Amor não há salvação."

Chico Xavier

Descortina-se, em sua frente, a mecessidade de auxílio ao próximo.

Mas para que sejas o instrumento perfeito, necessário se faz conhecer as palavras e os exemplos capazes de te transformar naquilo que Ele deseja.

A caridade é boa quando feita pelo amor.

A caridade é porta para a salvação.

Caridade também é caminho de redenção.

Seja o mais belo exemplo de amor ao próximo, seja caridoso.

O Espírito Hammed ressalta:

> Muitas vezes, "doamos coisas" ou "favorecemos criaturas" a fim de proporcionar a nós mesmos, temporariamente, uma sensação de bem-estar, de poder íntimo ou de vaidade pessoal.

Mas Jesus ensinou que, no ato de oferecimento, o que vale são as motivações e intenções que geram tal comportamento. Temos, então, o clássico exemplo da oferta da viúva pobre (Marcos 12:41-44).

O autêntico comportamento caridoso é aquele que não espera ou exige reconhecimento, gratidão ou qualquer tipo de recompensa. E é justamente esse desapego dos resultados que caracteriza o indivíduo caridoso, pois ele se disponibiliza ao outro pela simples satisfação que isso lhe proporciona.

Sejamos exemplo de amor ao próximo.

Seja luz por onde passares. E lembre-se:

Fora da caridade não há salvação, como nos alerta o divino instrutor.

Osmar Barbosa

O amor sem ressentimentos

"Onde existe amor não há lugar para ressentimentos."

Chico Xavier

A mágoa é resultado da incompreensão.

A incompreensão é resultado da impaciência.

A impaciência é fruto da ignorância.

A ignorância é aliada ao desamor.

Uma pitada de amor é suficiente para transformar todos os sinônimos acima.

Quando colocamos amor naquilo que fazemos, sentimos e expressamos, tudo fica sereno, tudo é capaz, tudo se transforma e se modifica.

O amor cabe em qualquer lugar, em qualquer ocasião e em qualquer coração.

Eu não sei o que seria de mim se não tivesse entendido desde cedo o significado do amor.

Sejamos exemplos enquanto pudermos...

No encerramento da Carta aos Coríntios, o apóstolo Paulo, o "Apóstolo do Amor" como ficou e é conhecido, nos relata:

O amor é paciente e benigno, não arde em ciúmes; o amor não se ufana, não se ensoberbece.

O amor não é rude nem egoísta, não se exaspera e não se ressente do mal.

O amor não se alegra com a injustiça, mas regozija-se com a verdade.

Está sempre pronto para perdoar, crer, esperar e suportar o que vier.

Portanto, só ele é capaz de transformar tudo a nosso redor.

O amor é o instrumento único de transformação em todos os sentidos, em todas as direções e em todos os momentos.

Seja exemplo de amor, seja bom, seja gentil, seja alegre, seja você o que seu coração mais deseja.

Osmar Barbosa

Amar e servir

"A maior revelação de teu amor aparece brilhando quando permites que o Cristo em ti e contigo possa amar e servir aos outros sem procurar saber quem são e como são."

Chico Xavier

O bom servidor serve sem distinção.

Aquele que quer servir não precisa ser visto.

Aquele que quer ser visto dificilmente tem a intenção de servir.

A humanidade só evolui se ajudarmos uns aos outros.

Os olhos críticos que te enxergam não são os mesmos daqueles que te compreendem, portanto, nunca deixe de ser quem você é em essência, pois é na essência que está aquilo que realmente somos.

Faça-se brilhar na escuridão das almas.

Espalhe o bem por onde passares.

Evangelize-se, transforme-se, preencha-se. Utilize as palavras doces pregadas por Jesus em sua pregação.

Há conforto e resposta em todo o evangelho.

Quando te sentires só, lembre-se que Ele está sempre a seu lado.

Quando tiveres fome, Ele te alimentará. Quando estiveres vazio, Ele te preencherá.

Se te perderes no caminho, Ele te guiará.

Quando te sentires sozinho, Ele te acompanhará.

Que Deus habite em seu coração e alimente sua alma, e que te sobrem sempre migalhas do pão da vida, para dividires com aquele que sofre.

Acredite, você não está sozinho!

Osmar Barbosa

Desculpar-se sempre

"A melhor maneira de aprender a desculpar os erros alheios é reconhecer que também somos humanos, capazes de errar talvez ainda mais desastradamente que os outros."

Chico Xavier

Perdoar é divino.

Mas não adianta perdoar por palavras apenas. Tens que abraçar e aceitar-se quando estiveres errado.

Sem o perdão, somos almas vazias, cabeças abaixadas perante a Lei Maior.

O Cristo, em seus últimos momentos, disse: Pai, perdoai, eles não sabem o que fazem...

Há mais mistérios entre o céu e a Terra do que sonha a tua filosofia.

Sabes, por exemplo, o que fizestes a teus desafetos, em vidas passadas?

Sabes se não és tu o maior devedor?

Perdoe sempre que tiveres a oportunidade de perdoar.

Perdoar as ofensas é uma das virtudes necessárias para a nossa evolução moral. Perdoar é um ato puro e singelo, expresso em atos e oriundos de corações brandos, pacíficos e que estão em transformação.

Não perdoe em vão, apenas para que seja visto. Seja misericordioso e mostre ser amoroso, assim como o amor que Jesus nos ensinou. Perdoe sempre!

Feliz, pois, aquele que pode todas as noites adormecer dizendo: "Nada tenho contra meu próximo".

"Errar é humano, mas perdoar é Divino."

Lembre-se sempre disso.

Osmar Barbosa

Uma página em branco

"Cada dia que amanhece assemelha-se a uma página em branco, na qual gravamos os nossos pensamentos, ações e atitudes. Na essência, cada dia é a preparação de nosso próprio amanhã."

Chico Xavier

Escreve-se hoje o destino do amanhã.

As linhas escritas no passado contam a tua estória do presente.

Haverá um dia em que te encontrarás com as tuas realidades. E, nesse dia, verterás lágrimas do arrependimento de não ter cumprido os ensinamentos que lhe foram apresentados.

Reclamarás pelas oportunidades que se findaram quando deixaste a vida física e implorarás por novas etapas entre os vivos para resgatar teus débitos.

Essa é a lei.

Esse é o caminho.

Esse é o destino de todos os que estão em provas e expiação.

Seja o hoje a boa escrita do amanhã.

Não guarde a pretensão de agradar a todos, isso não vai acontecer.

Nem Ele, que tudo fez para nos instruir, ficou livre de nossas mazelas e de nossa imperfeição.

Seja o semeeiro, aquele que semeia para que os outros possam colher.

Assim me sinto como escritor.

Semeio linhas do evangelho compreendido por mim, que a muitos irá agradar e converter, mas há ainda aqueles que preferem julgar sem mesmo conhecer.

Faça a sua parte nessa grande e desafiadora estrada, chamada evolução.

Osmar Barbosa

Seja a luz do caminho

"Cada boa ação que você pratica é uma luz que você acende em torno dos próprios passos."

Chico Xavier

A luz do candeeiro é pouca para iluminar nossas necessidades infinitas, mas o bastante para não nos deixar cegos na escuridão.

Faça-se luz por onde passar.

Seja o exemplo pela longa estrada da vida.

Ele, que tudo sabe e tudo vê, é a luz que nos ilumina na jornada evolutiva.

Somos o desejo maior.

Somos o resultado do amor.

Ainda que andes pelo vale da morte, Ele, com seu candeeiro, ilumina nossa alma aflita pela evolução.

Seja o bom pastor entre aqueles que amas.

Conduza o teu rebanho por verdes campos, pois necessitarás de verdes campos para viver após viver entre os seus.

Porquanto precisarás de luz para a caminhada evolutiva necessária à todos os espíritos em evolução.

Foi Jesus quem nos afirmou "Sois a Luz do Mundo". Creia, não estás sozinho, há anjos a te guiar, soldados a te proteger e familiares a te amar.

"Vós sois a luz do mundo", disse o Rabi.

Resplandeça a vossa luz diante dos homens e dos anjos do Senhor.

Não estás na primeira e, muito menos, na última vida. Há muita coisa ainda a experimentar.

Osmar Barbosa

Cultive o amor

"Cada minuto é uma semente de amor que podes cultivar ou uma abençoada luz que podes acender para o grande futuro."

Chico Xavier

O tempo passa sem que percebas o que fez. Ontem se foi, hoje é rápido, amanhã ainda não tens a certeza se experimentarás.

O tempo é ágil quando deixamos de lado a vida espiritual.

A materialidade nos afasta do amor divino, nos sentenciando a novas provas e expiações.

Há oportunidades que não podem ser dispensadas.

Há encontros que devem ser vividos intensamente.

Quando te encontrares com o evangelho do Cristo, não desperdice essa oportunidade. Viva-o intensamente!

Ele é o caminho, a verdade e a vida.

Seja experto. Não te refutes em mudar teus conceitos. Não deixe de lado o chamamento.

Viva intensamente.

Ame intensamente.

Evangelize-se rapidamente.

Aproveite as oportunidades do amor.

Abrace, ampare, auxilie, divida, acolha, seja paciente, bondoso, generoso, honesto, fiel, amigo, auxilie amparando aqueles que ainda não compreenderam a verdadeira vida.

És a parte do todo que habita em ti.

Uma partícula de Deus que experimenta temporariamente na terra.

Encarnado estás para as provas que te tornarão o filho perfeito.

Osmar Barbosa

Confie sempre no amor divino

"Confiemos na Providência Divina e aceitemos no serviço do bem a nossa mais bela e melhor oportunidade a que denominamos: agora."

Chico Xavier

Faça-se útil por onde passares.

Seja o exemplo de amor e caridade por todo lugar.

Jesus nos apresentou Deus como o Pai amoroso.

Não há rancor na vida após a vida. O que há é o perdão extremo.

Somos todos iguais diante do criador.

Tua pele não te representa.

Teu idioma não será dificuldade.

Tua nacionalidade não te fará melhor.

Tua riqueza servirá de desunião.

És o que és, o filho do amor, e ao amor, retornarás.

Cumpra-se aquilo que melhor for para tua elevação.

Assim, venceremos o mundo como Ele venceu.

Não há sentido na vida sem o depois...

Não há acasos nas coisas de Deus.

Ontem filhos, amanhã pais, no futuro instrutores.

Assim, todos nos auxiliamos ao destino final.

Aquilo que estás passando neste momento é a prova que necessitas para te elevar ao desejo do

Criador. Seja você o emissário do amor.

Seja você o representante da paz.

Seja você, aquele que vê no amor a razão e o motivo para tudo.

Espalhe paz, alegria e união por onde passar.

Osmar Barbosa

A estrada da vida

"Depressão? Alma querida, se tens apenas tristeza, se te sentes indefesa, contra a mágoa e dissabor, sai de ti mesma e auxilia aos que mais sofrem na estrada. A depressão é curada pelo trabalho de amor."

Chico Xavier

Ao doente, o repouso.

Ao aflito, a consolação.

Pai, dai-nos oportunidades de nos melhorar.

Quando estiveres triste, converse com Ele.

Fale com Ele.

Chore com Ele.

Peça perdão a Ele.

Pois muitos são os que estão vazios, com Ele no linguajar, mas sem Ele no coração.

Almas vazias, mentes perdidas.

A oração é dever para modificar os que doentes estão da falta de amor no coração.

Toda doença tem uma raiz de origem que começa na alma.

Cuide bem dos seus sentimentos, vigie seus pensamentos.

Orai sempre para que não sejas vítima das obsessões e dos obsessores da felicidade.

A soma de nossas angústias causam ferimentos irreparáveis na alma.

Siga sempre erguido para as coisas da vida. Aja com sinceridade em tudo o que fazes e verás que a luz que a todos ilumina jamais te deixará na escuridão.

Segundo Emmanuel *"não existe melhor remédio que o evangelho"*. Portanto, o espiritismo pode ser um importante instrumento de ajuda para quem se encontra perdido em meio aos tormentos da depressão.

Evangelize-se.

Osmar Barbosa

Pobreza espiritual

"Nunca somos tão pobres de bens materiais e espirituais que não possamos doar alguma coisa ao companheiro necessitado, seja o pão ou a palavra de consolo e solidariedade."

Chico Xavier

Todos temos algo a doar.

Até o espinheiro tem a doença para curar

Através de duro processo de cozimento.

De onde menos se imagina, surge algo para modificar-te.

Aceite-se como eterno que és, e aproveite todos os momentos em que experimentas para te tornar algo melhor.

Os bens materiais são do mundo, e Deus te emprestou para que possas administrar por um período, um curto período.

O que é do mundo físico, nele ficará, o que pertence ao mundo espiritual, a ele retornará.

Simples matemática. Um mais um é igual a dois.

Voltaremos ao lugar de origem, onde todos voltam um dia para comemorar.

Seja o vencedor e não o derrotado.

Levamos para a vida espiritual, as construções morais, as quais viemos buscar.

Se falharmos nessa tarefa, outras oportunidades teremos. Assim é, que através das vindas as vidas materiais e espirituais constantes, lentamente nos moldamos àquilo que Ele deseja. Aproveitemos esse momento para a reflexão.

Aproveite esse momento para modificar o seu coração.

Aceite-se, você é eterno!

Osmar Barbosa

Auxilie sempre

"O amor verdadeiro auxilia sem perguntar."

Chico Xavier

Quando te perguntares quem tu és, Diga: Eu sou filho daquele que tudo sabe e tudo vê, sou fi lho do criador de todas as coisas, Pai maior, Pai de amor e bondade. Aquele que fez e faz tudo o que for necessário para a minha felicidade.

Sou filho do Deus de Moisés, do Deus de Abraão, sou filho do Pai do Cristo da Galileia, aquele que tudo faz para que eu me torne o filho perfeito.

Sou o seu filho preferido.

Meu Pai criou o céu e a Terra para ser o meu lar, e as colônias, onde um dia voltarei a habitar. Criou oceanos e rios para que eu possa me banhar.

Criou ainda pedregais e geleiras para que eu possa passar o tempo e admirar sua grandeza.

E tem mais...

Ele criou o mais nobre dos sentimentos para me fortalecer e me ensinou a amar.

Esse é meu Pai. Que me ensinou a amar sem nada exigir ou perguntar.

Esse é meu Pai.

Eu sou filho do todo, e ao todo um dia retornarei, espero ser mais perfeito do que quando aqui cheguei.

Eu sou filho do sol, filho da lua, pois eles contam meus dias nas esferas evolutivas.

Um dia, quando ao seu lado me assentar, direi: Pai, obrigado por tudo me ensinar.

Osmar Barbosa

A lição do espelho

"Se quiser realmente ver o teu maior inimigo, pare por alguns instantes à frente de um espelho."

Chico Xavier

Nas vidas passadas, tiveste encontros e desencontros, por mais que aches que não estás devedor, observe a história da humanidade e verás que, em algum momento, foi você quem se tornou um devedor.

Não há um vitorioso sem haver um derrotado. E o derrotado há de te cobrar o que perdeu.

Toda grande virtude só é alcançada quando nos sobrepomos a algo menor, quando escolhemos passar sobre algo sem nada perguntar. Quando encaramos de frente aquilo que vai nos reformar.

Assim construíste seu destino, deixando para trás algumas almas aflitas. Nada que te faça desesperar.

A lei é: evoluir, tornar-se melhor.

Alguns vão te seguir, mas outros não vão te aceitar. Outros, te ignorar.

Não adianta insistir com aquele que não compreende a lição.

A lição, por si só, irá lhe ensinar.

Siga em frente sem olhar para trás.

Confie, Ele assim o fez.

És uma alma a expiar, um espírito a evoluir e o amor reencontrar.

Quando nem imaginavas existir, eis que vem a vida a te oportunar.

Chegadas e partidas ainda irás enfrentar.

Mas o amor que construíres com sacrifício, esse irás levar pela eternidade que pertence, e que ninguém vai te tirar.

Osmar Barbosa

Respeito ao semelhante

"Sempre que chamados à crítica, respeitemos o esforço nobre dos semelhantes. Para construir, são necessários amor e trabalho, estudo e competência, compreensão e serenidade, disciplina e devotamento. Para destruir, porém, basta, às vezes, uma só palavra."

Chico Xavier

Todos nós estamos destinados à perfeição. Passaremos por momentos muitos particulares que servirão de instrumentos para moldar o espírito eterno.

A vida não se resume a essa vida, já dizia a instrutora.

Negar que és o desejo maior do Pai eterno é atrasar as possibilidades evolutivas.

Chegamos despojados dos conhecimentos instrutivos que nos levam ao ápice da espiritualidade, e são as dificuldades, as derrotas, as tristezas, as decepções, as angústias e também as alegrias que moldarão nosso intelecto espiritual.

És a cereja do bolo.

És o motivo da criação.

És o único objetivo de Deus.

Somente transformando-se todos os dias é que compreenderás os motivos da vida entre os que estão a seu lado a expiar.

Assim seguem os espíritos, experimentando todos os dias para algo mudar.

Respeite o outro, para que ele venha a te respeitar.

Mesmo onde achas que nada existe há coisas a te experimentar.

Ao seu lado, provavelmente, há outros espíritos que dependem de tua alegria e felicidade para prosseguirem o seu caminhar.

Diga palavras dóceis, pois elas ao emissor retornarão.

Ama sempre, siga os instrutores do plano maior, e nada te faltará.

Osmar Barbosa

Reencarnação

"Sem a ideia da reencarnação, sinceramente, com todo respeito às demais religiões, eu não vejo uma explicação sensata, inclusive, para a existência de Deus."

Chico Xavier

Por quantas provas precisas passar para alcançares o nirvana espiritual?

Por quantas portas terás que entrar para adentrar à vida após a vida?

Existe um lugar após esse lugar?

Se não for esse o objetivo, sinceramente, não há outro motivo para a existência da alma. Porque não faz sentido tanta perfeição sem a mão de uma inteligência superior.

Se não existe Deus, não existe alma. Se não existe alma, não existe Deus.

Estamos intrinsecamente ligados ao Pai pelos laços eternos da criação.

Disse-nos Jesus: "Na verdade, na verdade te digo que aquele que não nascer de novo, não pode ver o reino de Deus" (João 3:3).

Ainda tens algo a questionar?

Espíritas, obrai na casa do Senhor teu Deus – diz o Mentor. Acordai, ainda há tempo!

Está escrito: O túmulo de Allan Kardec, em Paris, contém a inscrição que resume o pensamento espírita a respeito do assunto: "Nascer, morrer, renascer, ainda e progredir sem cessar, tal é a lei".

Assim está perpetuado entre os encarnados e aqueles que ainda virão a experimentar.

Pela prática do amor, segundo ensinamento do apóstolo Pedro: "Tendo antes de tudo ardente amor uns para com os outros, porque o amor cobre uma multidão de pecados" (1Pedro 4:8).

Esse é o que temos que aprender e ensinar... O amor.

Osmar Barbosa

Nascer, morrer e progredir sempre, tal é a lei

"Berço e túmulo são simples marcos de uma condição para a outra. Somos responsáveis por nossa tragédia e por nossa glória."

Chico Xavier

Ao espírito, a verdade, ao órfão, o pai...
A verdade é que da vida surge a morte,
para da morte, novamente, surgir a vida.

A lei é essa, e está escrita.

Colheste o fruto que semeaste.

Nascer, morrer, e progredir sempre... essa é a lei.

Porque na casa de meu Pai há muitas moradas, se não fosse assim eu vos teria dito, vou preparar-te lugar... já dizia o Messias.

Todos ficaremos órfãos na vida encarnada. Mais cedo ou mais tarde, nossos progenitores nos deixarão para seguir sua jornada evolutiva.

Assim, a orfandade é o destino de todos os encarnados, porque necessário se faz passar por essa prova para o reencontro com o divino.

Nascemos predestinados à morte.

Morre-se todos os dias, em todos os momentos, todas as horas. Todos os minutos e, não menos, todos os segundos da existência corpórea.

Sois defuntos adiados – dizia o instrutor.

Do berço ao túmulo, todos iguais, sem distinção.

Por que então distinguimo-nos uns dos outros?

Há melhores ou piores?

Ou somos todos iguais aos olhos do Criador?

Nasce-se predestinado à morte.

Morre-se para renascer em outro lugar.

Bem-vindo à sua realidade.

Amai-vos.

Osmar Barbosa

O auxílio vem depois

"Hoje auxiliamos, amanhã seremos os necessitados de auxílio."

Chico Xavier

Ampara enquanto há tempo...
Auxilia enquanto tens coragem...
Ama enquanto puderes...

Aquele que dá, recebe.

Aquele que empresta, terá de volta.

Aquele que ampara será amparado.

Aquele que ama será amado.

Aquele que perdoa será perdoado.

Porque quem não perdoa se iguala ao ofensor.

Quem não tem pecado, que atire a primeira pedra.

Auxilia para que possas ser auxiliado, porque assim alegras ao Senhor teu Deus.

Não são só palavras que servem de consolo, há ainda a necessidade de muito mais.

Uma grande amizade exige auxílio mútuo.

Portanto, seja você o que deseja nos outros.

Modifique-se todos os dias.

Transforme algo ruim em coisa boa.

Abrace para que sejas abraçado. Dai o que de melhor tens dentro de si, sem lamúrias e sem esperar algo em volta.

Dai a César o que é de César e ao homem o que é do homem – disse Jesus.

Siga sem cobrar para que não sejas cobrado, amanhã é o reflexo de hoje.

Osmar Barbosa

A desilusão

"A desilusão de agora será benção depois."

Chico Xavier

A desilusão é a visita da verdade.

Depositamos nas pessoas nossos desejos e, quando eles não são realizados, sentimos a tristeza daquilo que imaginamos para o outro.

Posse...

Não és dono das pessoas, não és dono sequer de sua vida.

Ontem, não sabias...

Hoje, respiras...

O amanhã, as incertezas...

Seja o general do seu destino.

Vigie seus sentimentos, eles são eternos.

Vigie seus pensamentos, eles te conduzem.

Vigie suas decisões, elas são seus carmas.

O que sofres agora lhe serve de lição.

Acumulas, através das provas, os sentimentos necessários à compreensão das vidas futuras.

És único. Não se divide o espírito eterno.

Ainda que se aches sozinho, estás sempre acompanhado dos seus ancestrais que muito lhe amam.

Não reclames do que não compreendes, há motivos que ainda não és capaz de imaginar.

O que vem do alto, vem para te iluminar, fazer-te melhor e te abençoar.

Receba com amor e carinho tudo o que lhe é ofertado pelo Criador, Ele sabe o que é melhor para ti.

Podes não compreender agora, mas depois verá o filho que o Pai simplesmente lhe apresentou uma nova lição.

Osmar Barbosa

Faça o bem sem olhar a quem

"Nenhuma atividade no bem é insignificante. As mais altas árvores são oriundas de minúsculas sementes."

Chico Xavier

Tudo tem um começo, um meio e um fim...

Tudo que termina, renasce.

A árvore atingida por um raio cai ao solo morta e sem esperanças, mas é alimento para os vermes que consomem a madeira por ela deixada, tornando-se adubo para as próximas gerações.

São nas pequenas coisas que conhecemos a grandeza de Deus.

Tudo está intrinsecamente ligado, nada se perde.

Tudo tem um porquê e um para onde... tudo tem objetivos a cumprir.

Não existem acasos nas coisas de Deus.

Encontros, desencontros, chegadas, partidas, estamos ligados uns aos outros, mesmo sem perceber.

Seja a luz que ilumina almas aflitas.

Seja o bom filho que retorna para o lar com as tarefas do dia realizadas.

Deus nos dá oportunidades infinitas de aperfeiçoamento.

Não estás sozinho no universo, você é parte dele.

Há, na verdade, uma grande falange de espíritos experimentando provas difíceis, não perca as oportunidades, elas podem demorar novamente a reaparecer. Bons gestos, boas palavras, bons sentimentos, alegria infinita que faz a vida ser melhor.

Osmar Barbosa

O socorro vem do alto

"Muitos ficam na expectativa do socorro do Alto, mas não querem nada com o esforço de renovação; querem que os espíritos se intrometam na sua vida e resolvam seus problemas."

Chico Xavier

Acomodados estamos nas coisas de Deus... Precisamos levantar do sofá e ir atrás da luz que vem do alto.

Somos espíritos expiando, experimentando ao lado de tantos outros que precisam se compreender.

Há, em cada alma, o desejo da vitória e ela pode se realizar.

Há, em cada um de nós, uma centelha divina, colocada pelo criador no ato da vida. Não somos o resultado do acaso. Estamos há muitos séculos nessa estrada, precisamos compreender isso... precisamos aceitar.

Você é o espelho onde se refletirá aquilo o que moldas todos os dias. Tudo o que semeias, colherás.

Aproveite ao máximo essa existência, faça logo aquilo que viestes aqui fazer. Ame mais, seja bondoso para com os menos instruídos, eles precisam de você.

Busque em teu coração a coragem depositada por Ele para que você consiga vencer. Olhe sempre para os mensageiros do divino que estiveram entre nós para dizer o caminho.

És o objetivo de Deus...

És aquilo que Ele tanto deseja...

Não te desesperes, no momento certo, compreenderás as coisas de Deus.

Não deixe de lado o que viestes fazer. Auxilie sempre.

Osmar Barbosa

A fé move montanhas

"Devemos orar pelos políticos, pelos administradores da vida pública. A tentação do poder é muito grande. Eu não gostaria de estar no lugar de nenhum deles."

Chico Xavier

Quanto maior o poder, maior a missão, e mais difícil a encarnação.

Tudo o que Deus quer de melhor para seus filhos tem que começar pelos que governam.

São eles os representantes das massas.

Essa é uma das mais duras missões... a oração é o caminho!

O espírito, quando reencarna, escolhe as provas que lhe servirão de ferramentas evolutivas. Não julgue o que ainda não compreendes.

Muitos não compreendem o que aqui vieram fazer e se perdem diante da prova mais difícil da alma, muitos mesmo.

Sabemos que a oração tem o poder de transformar todas as coisas, sem ela, somos folhas secas levadas pelo vento de outono.

Nosso amado Chico implora por aqueles que precisam se encontrar diante de tamanha dificuldade com as coisas de Deus.

Não seja você o julgador... perdoe.

Seja o exemplo, porquanto o exemplo é a melhor lição.

Se todos unidos se colocarem em oração pelos que representam as multidões, tudo ficará dentro das possibilidades do amor.

Perdoar, amar, aceitar-se é a maior lição.

Osmar Barbosa

O vazio da alma

"Sem Deus no coração, as futuras gerações colocarão em risco a Vida no planeta. Por maior que seja o avanço tecnológico da Humanidade, impossível que o homem viva em paz sem que a ideia de Deus o inspire em suas decisões."

Chico Xavier

Sem Deus, alma vazia.
Sem religião, solidão.
Sem fé, alma que sofre.
Sem evangelho, rebeldia.
Sem luz, trevas.
Sem amor, dor.
Sem perdão, pecado.
Sem justiça, prisão.
Sem companheirismo, solidão.
Sem paciência, depressão.
Sem caridade, sofrimento.
Sem tolerância, ódio.

Sem perdoar, calvário.

Sem caridade, abandono.

Sem simpatia, antipatia.

Sem empatia, distância.

Somos orientados muito mais do que imaginamos.

A maioria de nossas decisões são tomadas seguindo as orientações dos nossos amigos que se encontram na vida eterna. Vínculos antigos se aproximam todos os dias.

Aquela voz que vos fala no íntimo nada mais é do que a voz do amor que te acompanha e te guia.

Quando tiveres bons pensamentos, execute-os rapidamente para que tua rebeldia não te afaste do propósito divino.

Maus pensamentos são os testes que terás que enfrentar para te tornar um espírito melhor.

És um viajor preso à matéria temporariamente. Ao libertar-se, sentirás a grandeza de teu espírito eterno, e quando adentrares os planos de Deus, saberás o quão és importante para o Pai.

Ame o quanto puderes...

Osmar Barbosa

Seja exemplo

"Pela força do exemplo vencerás."

Chico Xavier

Cegos estamos diante das coisas que não compreendemos. Somos viajantes necessitados de luz.

Toda batalha tem vencedores e derrotados. Deus dá a seus melhores soldados as mais difíceis batalhas no campo evolutivo do amor.

Poderia o Pai ter criado os espíritos perfeitos, mas não o fez.

Ainda não estamos capacitados para compreender o que é perfeição.

Talvez por isso estamos viajores do tempo e do espaço.

Quem não perdoa se iguala ao ofensor.

O coração só está livre quando as mágoas e os rancores não se instalam causando dor.

Na força das provas, somos levados às qualidades necessárias para a vida plena.

São elas que nos elevam diante da criação e são as provas que nos educam desbastando a pedra bruta que há em todos os seres.

Com o passar dos anos e das encarnações, lentamente adquirimos a tão sonhada perfeição.

Tolo o que não acredita nisso...

Tolo o que se deixa levar pela ilusão da facilidade...

Tolo aquele que não ouve a palavra e não a pratica rotineiramente.

Ainda que andes no vale da morte, Ele te guarda em luz.

Osmar Barbosa

A cura da alma

"Na realidade, toda doença no corpo é processo de cura para a alma."

Chico Xavier

Somos um composto divino, um emaranhado de coisas de Deus. Pequenas partículas do todo.

Pedaços de vida.

Pedaços de morte.

Pedaços de esperança.

Pedaços de alegria.

Pedaços de tristeza.

Pedaços de melancolia.

Pedaços de Deus.

Nada se perde no universo divino, não estamos aqui como ganhadores, somos eternos pedintes.

Tudo começa por dentro para depois ir para fora.

Vigie seus sentimentos, seus pensamentos e suas atitudes.

Do resto cuida o Pai, que muito ama seus filhos.

As doenças do corpo nascem, primeiramente, no espírito que não vigia e se compraz com coisas efêmeras.

Sem compreender que é eterna, que é o motivo de tudo, a razão da criação, sofre a alma encarnada sonhadora e infeliz.

Quando creres que és o tudo, o tudo se fará diante de teus olhos e a felicidade plena se instalará.

És o filho. Ele, o Pai.

Osmar Barbosa

A bela lição

"Uma das mais belas lições que tenho aprendido com o sofrimento: não julgar, definitivamente não julgar a quem quer que seja."

Chico Xavier

Aquele que julga será julgado... está escrito.

Não seja o juiz, porque também ele tem que prestar contas.

Não seja o julgador, porque ele terá que pagar pelo que julgou.

Sem conhecer o pretérito, como saberás a atualidade?

Tens certeza de teus julgamentos?

Pilatos lavou suas mãos diante do inegável.

Não se cobra o dízimo de quem não tem como pagar.

Dai com a direita sem que a esquerda tenha ciência.

Serás cobrado por tudo o que semeares...

Pense nisso, semeador, pense no que lhe pode modificar.

Edifique-te diante dos nobres.

Humilha-te diante dos humildes.

Dai o que te sobra.

Compartilhe o conhecimento.

Auxilia para que sejas auxiliado.

Com amor, tudo fica mais fácil.

Com amor, tudo alegra o todo.

Seja o justo diante dos injustos, seja o bom diante dos maus, seja a caridade para aqueles que sentem fome, frio e dor.

Osmar Barbosa

O exemplo

"O exemplo é uma força que repercute de maneira imediata, longe ou perto de nós. Não podemos nos responsabilizar pelo que os outros fazem de suas vidas; cada qual é livre para fazer o que quer de si mesmo, mas não podemos negar que nossas atitudes inspiram atitudes, seja no bem ou no mal."

Chico Xavier

Você sabe o que os heróis fazem?

O tolo come o alimento sozinho, mas o herói divide aquilo que tem de melhor.

Não seja o condutor de ovelhas para o abismo.

Preste atenção naquilo que Deus lhe confiou.

És responsável por tudo o que sentes, pensa e faz.

Longe do rebanho, o pastor pastoreia. Ele olha as ovelhas se alimentando do verde pasto e fica feliz, pois sabe que aquilo que faz com amor, com amor receberá.

Seja exemplo sempre...

Não se importe com o pensamento daquele que não te conhece, daquele que não te vê, e muito menos com aquele que ainda precisa aprender sobre as leis maiores para reconhecer-se filho do altíssimo.

Seja exemplo.

Exemplo de amor.

Exemplo de bondade.

Exemplo de fé.

Exemplo de tolerância.

Exemplo de humildade.

Exemplo de carinho.

E, principalmente, exemplo de perdão.

Osmar Barbosa

As ofensas

"Fico triste quando alguém me ofende, mas, com certeza, eu ficaria mais triste se fosse eu o ofensor. Magoar alguém é terrível!"

Chico Xavier

Quem lhe ofende é porque não lhe conhece.

Aquele que atira a pedra punitiva receberá a pedreira da desilusão.

Não desista de teus sonhos por achar que não serás compreendido, nem Ele que esteve entre nós foi aceito e muito menos compreendido.

Afinal, fomos nós quem o condenamos à cruz.

Somos almas pecadoras buscando a perfeição.

A palavra de Deus nos é dita em silêncio em nosso coração.

Ouça-o quando precisares falar com Deus, pois Ele habita em todo ser.

Deus é contigo...

Deus é amor, bondade e perfeição.

Não te ofendas com aqueles que não conhecem seu coração.

Ao sair para semear, leve sementes boas, as que não se perdem pelos penhascos da vida.

Semeia em terra boa, onde teus frutos poderão perpetuar-se.

Aquilo que de melhor tens é o que melhor terás.

Não seja vendedor da mentira, pois a verdade, mesmo que doa, será sempre a melhor opção.

Osmar Barbosa

És a cereja do bolo

"Perante Deus toda pessoa é importante."

Chico Xavier

Tudo o que seus olhos veem foi criado para tua felicidade.

Tudo o que comes foi criado para te alimentar.

Tudo o que sentes tem por objetivo a felicidade.

Tudo em volta de ti é para seu bem-estar.

És a cereja do bolo.

És o objetivo.

És o desejo maior.

És o resultado do amor.

És a centelha divina.

És a melhor coisa que ele criou.

És a razão.

És a vontade, o desejo, o prazer, o significado.

És o filho de Deus.

O Deus de Abraão, de Moisés. O Deus do amor.

Tenha uma única certeza: não foste criado parater fim.

Se acreditas no Pai, creia, és eterno. Eternamente serás cobrado pela perfeição, desejo maior do Criador.

Tu és o filho pródigo que volta para casa após passar por provas e expiações.

Sinta-se eterno, porque és!

Osmar Barbosa

Teu advogado

"O bem que praticares em qualquer lugar é seu advogado em toda a parte."

Chico Xavier

Colhe-se na vida espiritual, o fruto de tua semeadura terrena.

Antes: dente por dente, olho por olho.

Aquele que com o ferro fere, com o ferro será ferido.

Hoje estamos no laboratório refazendo nossa forma espiritual para adentrarmos ao divino.

A perfeição é o destino de toda a criação.

Não te julgue incapaz, pois não há incapacidade nas coisas de Deus.

És o mensageiro do amor.

És o filho predileto.

Aproveite de tua existência temporária entre teus irmãos necessitados para proclamar o bem maior.

Seja o exemplo que o Pai espera.

Evolua praticando o bem sem olhar a quem, pois, para Ele, não importa o objeto e sim o objetivo.

O bem de hoje é a certeza do perdão amanhã.

Não perca mais tempo achando que vives por viver.

Não há sentido achar assim...

Mais vale apostar na eternidade do Deus maior do que na incerteza das coisas menores.

Sabes o que és, olhe para dentro de ti e acharás o divino, presente em todo o ser.

Ama...

Perdoa...

Auxilia...

Ampara...

Osmar Barbosa

Edifiques por onde andas

"A criança desprotegida que encontramos na rua não é motivo para revolta ou exasperação, e sim um apelo para que trabalhemos com mais amor pela edificação de um mundo melhor."

Chico Xavier

Abençoado com felicidade é o homem que não segue o conselho dos ímpios, não se deixa influenciar pela conduta dos pecadores, nem se assenta na reunião...Diz o Salmos 1.1.

Portanto, fazei sem buscar elogios.

Dai com uma mão sem que a outra perceba.

O sucesso das gerações futuras depende do amor dos que olham pela janela todos os dias.

Dos que trafegam pelas estradas construídas.

Dos que alimentam a esperança depositando flores nos corações alheios.

Daqueles que, através dos ensinamentos dos evangelhos, transformam seus corações.

Somos espíritos viajantes eternos.

Somos ainda aprendizes, principalmente do amor.

Ainda não compreendemos do que Ele é capaz.

Quando olharmos para o outro e a dor do outro nos abalar, estamos no caminho certo.

Se a dor do outro não te motiva, pare... olhe para si mesmo, algo não está bem.

Seja o justo.

O bom pastor.

O semeeiro do amor.

Seja o resultado do amor.

Ao Pai, a glória, a seus filhos, a compreensão e o amor.

Osmar Barbosa

A cólera

"Às vezes, naquele minuto de oração deixamos de tomar uma atitude precipitada, de proferir uma palavra agressiva, de permitir que a cólera nos induza a qualquer atitude infeliz..."

Chico Xavier

Quando não vigiamos nossos pensamentos, mergulhamos no abismo das desilusões.

Quando deixamos de lado a razão, somos tragados pelos abismos da alma.

Perdidos estamos quando desejamos o mal a nosso semelhante. Quando praticamos a maldade.

Saber perdoar é virtude dos que já estão à frente.

Evoluindo estamos, mesmo sem perceber.

A vida é aquilo que desejamos e praticamos diariamente.

Seja você a luz que iluminará a estrada dos que, na escuridão das ilusões, se perdem.

Seja o condutor das almas que precisam encontrar o amor.

Seja verdadeiro, sincero, amigo fiel.

A vida é curta demais para perder seu tempo praticando o mal.

Não vale a pena ser assim, podes ter certeza.

As reencarnações são o instrumento divino para moldar o espírito à perfeição.

Não perca tempo com casas vazias.

Com corações vazios, encha-os de esperança, paz e amor.

Você é o fruto da mais bela árvore, que é chamada Criação.

Ame, ainda que não te sintas capaz.

Sorria sempre...

A vida não se resume a esta vida!

Osmar Barbosa

A alegria do mundo

"A alegria do próximo começa muitas vezes no sorriso que você lhe queira dar."

Chico Xavier

Todos sabemos que é dando que se recebe. O mais incrível é que poucos estão dispostos a dar sem querer em troca.

O mais incrível ainda é que, muitas vezes, o que se pede não custa nada, mas não dar é o mais compreendido.

Basta um sorriso, um bom dia. Um "estou aqui". Um "te amo". Um "você é muito importante para mim...".

Às vezes, é um telefonema.

Um alô...

Uma palavra, um abraço, um carinho, e isso não custa muito...

Às vezes, é um prato de comida, um cobertor, uma roupa velha.

Outras, é um sorriso, que não custa nada.

O cordeiro de Deus esteve entre nós e pregou o amor.

Recebeu de nós a intolerância, a incompreensão e o desamor, e mesmo assim Ele nos amou, nos perdoou e nos ensinou...

Lembre-se: ninguém vai ao Pai, senão pelo Filho.

Ele é o caminho, a verdade e a vida!

Portanto, é chegado o dia em que podes mudar, redirecionar teus caminhos e viver a plenitude do amar.

Osmar Barbosa

Não permita que te façam mal

"A crítica dos outros só poderá trazer-lhe prejuízo se você consentir."

Chico Xavier

Sua coragem é sempre maior que sua fraqueza, acredite nisso!

Muitos desistem por motivação alheia.

Não há razão para desistir.

O que pensam ou acham daquilo que você decidiu é insignificante diante de Deus.

Se Ele te deu é porque Ele te capacitou, simples assim.

Não se importe com o que as pessoas pensam ou acham de você.

Ninguém conhece realmente seus motivos, ninguém conhece seu coração.

Não permitas que aqueles que não te conhecem mudem aquilo que você veio fazer aqui.

Seja a boa semente. Seja forte e siga em frente.

Deus dá a seus melhores soldados as mais difíceis batalhas.

Nascemos para vencer.

Não permita que os maus sejam fortes diante de ti, porque não são.

Você é o único motivo da criação, foste criado à semelhança do Pai maior.

Seja a benção daqueles que te amam profundamente.

Que suas pegadas na vida sejam as do caminho perfeito.

Amai a todos indiscriminadamente.

Só o amor edifica, constrói e consola.

Osmar Barbosa

A dor do outro

"A dor é uma luz acesa no apoio da evolução."

Chico Xavier

Na longa estrada do espírito enquanto alma, encontrarás batalhas que parecerão invencíveis.

As dores do mundo físico são lições na vida espiritual.

Não há vitórias sem lutas e batalhas as quais não há um objetivo lógico.

Quanto mais batalhas venceres, mais rápido será seu desprendimento da vida física.

Definitivamente, precisas te enxergar como espírito eterno que és.

A encarnação é a escola.

As lutas, a lição.

Após vencer o mundo vencerás asi mesmo e, encontrarás, definitivamente, sua evolução.

Seja o bom pastor, o bom filho que à casa um dia retornará.

Suas escolhas farão de você o derrotado ou o herói.

Os sentimentos que construíres a duras provas serão eternizados em teu ser.

Somatizando as boas lições, chegarás ao destino completo de prazer e razão.

A caminhada é longa, mas o destino é certo. Um dia, quando te perceberes eterno, compreenderás essas palavras, e a elas será grato por toda a tua existência.

Osmar Barbosa

Não te percas no orgulho

"A hora que passa é preciosa demais para que lhe percamos a grandeza."

Chico Xavier

Não perca seu tempo falando daquilo que não conhece perfeitamente. Seja inteligente.

Não perca teu tempo com quem não quer ser ajudado. A cada um seu destino.

Não perca teu tempo procurando, na vida material, as coisas da vida espiritual. Só se leva aquilo que edificas dentro de ti.

Dentro de cada ser, há resposta para todos os questionamentos. Ele é perfeito.

Somos guiados pelos espíritos mais do que imaginamos. Pensamento e atitude são respostas sem pergunta.

Todos os dias, recebes uma página em branco para que escrevas a mais bela história. E, fazendo isso, vais ascender à vida futura pela porta da frente. Não se torne o intruso.

Seja o orgulho do Pai, que tudo fez para a tua felicidade.

O espírito caminha, há bilhões de anos, nos universos evolutivos do amor.

Ele assim o fez...

A semente precisa de rico solo para germinar, após a germinação, tens o tronco a construir.

As folhas da sabedoria te sustentam a alma.

Os frutos? Esses são o legado que levarás pela eternidade.

Boa árvore, bom fruto.

Pense assim...

Osmar Barbosa

Libertas

"A humildade é a chave de nossa libertação."

Chico Xavier

Bem-aventurados os humildes de espírito porque é deles o reino dos céus.

Já dizia o Messias...

Humildade é chave da libertação, nos relata nosso querido instrutor.

Batei, e a porta se abrirá.

Seja exemplo de amor por onde passares.

A vida só pode ser escrita pelos que humildemente se compreendem e praticam, com amor e carinho, o encontro de almas.

Lembre-se sempre da "caridade", pois é ela que te levará ao nirvana espiritual.

Nada está ao acaso.

Somos pequenos feixes de luz, criados para iluminar almas aflitas.

Você é o objetivo, o desejo, a meta, o plano do Pai para a eternidade.

Reconheça-te como o fruto da criação.

Reconheça-te como o filho pródigo que um dia terá que voltar ao Pai.

O lar do amor é o reino dos céus.

Todos estamos caminhando nessa direção.

Não te percas no labirinto do medo, da fraqueza e do desamor.

Ele te espera.

Osmar Barbosa

Amai-vos

"O Cristo não pediu muita coisa, não exigiu que as pessoas escalassem o Everest ou fizessem grandes sacrifícios. Ele só pediu que amássemos uns aos outros."

Chico Xavier

Quão difícil é amar...

Só o amor transforma tudo ao nosso redor. Isso é sabido.

Vida sem amor, saco cheio de vento.

Moldaste teu corpo para essa curta existência terrena, e nele colocaste uma dose de amor.

Exercite o bem sem olhar a quem, esse é o verdadeiro sentido do "amai-vos".

Enquanto a dor do outro não te fere, não estás capacitado a adentrar o reino da caridade.

Porquanto é fácil amar aqueles que compartilham da nossa encarnação, mas o amar, exigido pelo criador, e o amar da criatura, seja ela quem for.

O mais perfeito ensinamento é o que nos pede o amar.

Ele, que esteve entre nós por curta existência, ensinava o amor na forma mais simples possível.

Andou entre os leprosos e os amou.

Andou entre os fariseus e os amou.

Foi traído e perdoou.

Morreu pedindo ao Pai que nos perdoasse, pois não sabíamos o que fazer.

Sigamos em frente, divulgando, espalhando o que o verbo pediu.

"Amai-vos como eu vos amei".

Osmar Barbosa

Teu esforço te libertará

"A marcha será medida pelo passo do serviço ao próximo."

Chico Xavier

Um exército é composto por homens determinados a vencer alguma coisa.

A marcha é evolutiva.

Os fracos são facilmente derrotados.

Somos um exército de espíritos expiando para alcançar o objetivo sugerido pelo Pai.

Através do livre-arbítrio, nos unimos ou nos separamos temporariamente do objetivo.

Como em uma grande batalha. Os fronts são as oportunidades para moldar o espírito.

Uns seguem a frente abrindo espaço para os que vêm atrás.

Outros, inseguros, desistem por causa do medo do desconhecido.

Assim é a evolução.

Pessoal, e intransferível.

Cada um constrói seu destino. Os mais corajosos chegam na frente e são condecorados.

Vence o vencedor.

Os derrotados recebem uma nova roupa, para expiarem novamente, até que atinjam o desejado.

A caminhada é longa para alguns e curta para outros.

A mais bela lição é a que ensina o amor.

Não te derrotes, pois nasceste vencendo.

Osmar Barbosa

Semeadura e colheita

"Toda a vida futura, no entanto, depende inevitavelmente da vida presente, como toda a colheita próxima se deriva da sementeira atual."

Chico Xavier

Semeadores...

É o que somos.

Colhem-se, na vida espiritual, os frutos de sua semeadura.

Aquilo que experimentas hoje é a colheita de teu passado.

Boa árvore, bom fruto.

Árvore daninha, espinhos.

Ainda que te aches no vale da sombra, saiba que Ele, que tudo sabe e tudo vê, é o instrutor perfeito.

Seja o exemplo por onde passar.

Não se importe com os julgamentos, afinal, colherás, no futuro, aquilo que semeias hoje.

Se a semeadura é boa, excelente é a colheita.

Cada atitude deve ser estudada com carinho e bom discernimento, afinal são elas que me moldam.

Aos que semeiam amor, colheita de amor.

Os que insistem na discórdia, a desilusão.

Os que plantam caridade, colhem benevolência.

Os que insistem no erro, novas oportunidades.

Assim seguimos, amando e aprendendo em todos os tempos.

Tens, todos os dias, oportunidades infinitas.

Aproveite-as e siga evoluindo como pede o criador.

Bom filho, boa recompensa.

Osmar Barbosa

Transforme-se todos os dias

"A melhora de tudo para todos começa na melhora de cada um."

Chico Xavier

Trocamos facilmente as vestimentas, mas não o caráter.

O caráter se molda transformando-se todos os dias, ninguém se torna melhor sem as duras provas da alma. As lições são instrumentos evolutivos.

Não há mentiras e nem enganações na vida dos espíritos por não haver outra forma de se comunicar, é o pensamento que nos faz reconhecer.

Hoje, utilizas da fala, dos gestos, da escrita para seres ouvido.

Na vida espiritual, desprendido da carne, só tens uma forma de ser ouvido, e ela é a que não deixará que reveles aos outros aquilo que não és.

Portanto, modifique-se todos os dias.

Não há razão para não ser assim.

Lembre-se, Ele é a perfeição.

Estamos experimentando temporariamente, e é só isso que precisas compreender.

Como é boa a vida. Como é bom ser espírito.

Modifica-te todos os dias, a recompensa é consoladora.

Do barro, a porcelana.

Do bruto, extrai-se o perfeito.

No fogo, a perfeição.

Não tenha medo. Modifica-te todos os dias.

A recompensa está na vida eterna, na felicidade plena e nos reencontros com aqueles que nunca te esqueceram.

Venha ao encontro do amor.

Osmar Barbosa

A construção da vida

"A pedra colocada em disciplina é o agente que te assegura firmeza na construção."

Chico Xavier

As bases que te sustentarão nas vidas futuras são as mesmas que te levarão a uma vida plena na existência espiritual.

Constrói hoje aquilo que te será morada após a vida terrena.

O lugar que te espera é construído, todos os dias, através das transformações que só tu és capaz de fazer em teu ser.

Um conselho amigo: o amor capaz de te auxiliar em tudo. Ele transforma qualquer sentimento. Ele é a luz que te guiará nas trevas pensativas.

O amor é capaz de muita coisa ainda incompreendida pelos encarnados.

Só ele te aproxima do Pai que tudo sabe e tudo vê.

Seja o bom exemplo por onde passares.

És moldado todos os dias à perfeição, és a pedra bruta que o maço e o cinzel moldam durante tua curta existência terrena.

Ama aquele que está experimentando a seu lado.

Aproxima-te da perfeição, pois ela é teu destino.

Aquele que te olha, ama-te e te cuida todos os dias.

Creia, Ele é a fonte mais poderosa do amor.

Osmar Barbosa

Inimigos

"A serenidade e o apreço para com os inimigos são os melhores antídotos para que as preocupações com eles não nos destruam."

Chico Xavier

Quando não perdoas teus inimigos, te igualas a ele.

Se queres vencer o ódio, a angústia, a inveja, a ira e o maldizer, perdoa enquanto há tempo.

Coração com mágoas, dor no espírito.

Quando pensares que não és capaz de perdoar, lembre-se do Cristo, que antes do último suspiro, disse: Pai, perdoai-lhes, eles não sabem o que fazem...

O perdão é libertador.

O perdão edifica, constrói, modifica e eterniza.

O inimigo só é capaz de vencer aquele que, diante da incompreensão da vida, se deixa levar por sentimentos pequeninos.

És grande.

És a centelha de Deus, um pedaço do Criador feito criatura.

És viajante da eternidade, estás aqui experimentando, somente isso.

Seja paciente com aqueles que ainda não te compreendem, eles não têm culpa de serem assim.

O que desejas ao próximo é o que o universo te dará de retorno na vida que se segue.

Osmar Barbosa

Siga adiante sempre

"A tarefa parece fracassar? Siga adiante trabalhando, que, muitas vezes é necessário sofrer, a fim de que Deus nos atenda à renovação."

Chico Xavier

Por que não desiste o aleijado?

Por que não desiste o órfão?

Por que não desiste aquele que perdeu seu filho em tenra idade?

Por que não desiste aquele que sofre injustiça?

A resposta está na certeza de outras vidas. A segurança interna é alimento divino.

Outras oportunidades.

Outros dias.

Seja um vencedor. Supere-se todos os dias. Você não é diferente daqueles que estão a seu lado expiando, nesse momento, encarnados em corpos que não os ajudam a vencer.

Todos experimentam.

Todos estão destinados à perfeição moral.

Aproveite essa vida e transforme-se em cada segundo.

A evolução é pessoal e intransferível.

Pense nisso...

Osmar Barbosa

O barco da vida

"A Terra é uma embarcação cósmica de vastas proporções e não podemos olvidar que o Senhor permanece vigilante no leme."

Chico Xavier

Confias, Ele é o condutor.

Aquilo que experimentas hoje te servirá de conhecimento para enfrentar, com coragem, outras situações.

Nada é ao acaso.

Tudo e todos estamos interligados neste vasto plano universal.

Há centenas de planetas.

Milhares de galáxias.

Bilhões de espíritos a expiar junto com você.

Os planos de Deus são ainda incompreensíveis.

Ele te ama.

Ele tem razão.

Tenha paciência, tudo está conforme planejado.

Quando repousar no sono da morte, verás que o despertar é surpreendente. Verás que valeu a pena expiar para melhorar.

E, melhorando-se, encontrarás a felicidade que te espera ao lado daqueles que muito te amam.

Estais em uma das naves mais perfeitas, chamada Terra.

Aproveite cada segundo ao lado de tudo o que Ele criou para a tua felicidade.

E não te esqueças... Ele te ama mais que tudo.

Osmar Barbosa

As migalhas que espalhas

"Toda migalha de amor está registrada na Lei, em favor de quem a emite."

Chico Xavier

És construtor de teu destino.

Aquilo que conquistas honestamente agrada ao Pai.

Suas derrotas são lições que, sabendo usar a sabedoria, nunca mais te verás derrotado.

Um tijolo a cada dia.

Uma parede a cada ano.

Uma casa em cada vida.

Constrói-se, aqui, a morada definitiva na vida espiritual.

Construtores, nunca desistam da luta que vos tornará perfeitos.

Trabalhe, modifique-se, ore e confie.

Deus está no controle de tua vida!

É nas pequenas ações que serás lembrado. Nos desafios superados, nas vitórias conquistadas.

Viajor que és, semeeiro do amor.

Faça o que agrada, distribua bondade, gentileza e amor.

Colhe-se, na vida espiritual, a semeadura da vida material.

Se as conquistas materiais fossem o objetivo, os mais abastados não morreriam.

Pense nisso...

Osmar Barbosa

A serviço do bem

"A vitória na luta pelo bem contra o mal caberá sempre ao servidor que souber perseverar com a Lei Divina até o fim."

Chico Xavier

Os ataques que sofres hoje são colheitas pretéritas.

Desconhecemos os motivos atuais, pois estamos cobertos pelo véu do desconhecido. Apagados temporariamente.

Precisamos confiar que Ele está a nosso lado e que tudo faz para que a prova seja menos dolorida.

Mas ela é necessária, é ela que nos moldará para a felicidade plena.

Ah, se deixássemos de lado o pessimismo e a descrença nas coisas de Deus, como seria fácil vencer a vida, vencer o mundo, vencer os homens.

Como seria fácil encontrar a felicidade adormecida em nosso ser.

Seja o exemplo de amor.

Glorifica ao Pai todos os dias.

Dai de graça aquilo que recebes do céu.

São as pequenas conquistas que te modificam, são elas que te fortalecem e que te fazem sentir realizado.

Persevere e vencerás.

Deus confia a seus melhores soldados as mais difíceis batalhas.

Segue em frente...

Osmar Barbosa

Aceita-te como és

"Aceita-te como és e aceita a vida em que deves estar, na condição em que te vês, a fim de que faças em ti o burilamento possível."

Chico Xavier

Toda encarnação é programada. Tudo o que experimentas foi de tua escolha.

Não estamos destinados ao sofrimento.

As provas são etapas que vencerás sempre que acreditares na força maior. Tenha fé.

Vieste a essa vida para vencê-la, e sair daqui como um herói. Nunca estarás sozinho. A jornada é evolutiva.

Construa, ao seu redor, alicerces fortes, que lhe farão ser lembrado pelas existências, é essa a missão dos espíritos.

Aceite as coisas de Deus com Deus no coração.

Aceite sua vida como a prova em que tens que vencer a qualquer custo.

E tenha a certeza, algo inacreditável te espera no lar de Deus.

Estás destinado ao pódio dos grandes.

És a cereja do bolo.

O motivo e a razão.

Aceita-te como és, não fuja aos desafios, eles te moldam, tenha fé.

Um dia, quando te encontrares contigo mesmo, lembrarás que foram elas, as dificuldades, que te tornaram um vencedor.

Osmar Barbosa

Aprenda o auxílio

"Acentuemos, na própria vida, a disposição de aprender e auxiliar."

Chico Xavier

O bom samaritano serve sem questionar.

Sabes quanto tempo tens de existência?

Sabes quantas batalhas já superastes para estar aqui hoje?

Sabes por acaso quem és?

De onde vieste?

Por que vieste?

Quem és?

Eu te digo: És o bom espírito enviado por Deus para vencer as coisas do mundo.

És um espírito milenar, que experimenta, nas encanações, para se melhorar.

És o general que comanda tua vida, nessa e nas outras que certamente vencerás.

Boa vida para você.

Seja o bom exemplo.

Modifica-te diariamente, digo a ti, vale a pena vencer-se.

Ainda que caminhes no vale da morte, Ele é o cajado que vos sustenta, Ele, que tudo sabe e tudo vê, não está afastado de ti.

Confia, segue e vá.

Osmar Barbosa

A boa palavra

"Ajude conversando. Uma boa palavra auxilia sempre."

Chico Xavier

O diálogo sempre superará o rancor.

Palavras têm poderes inimagináveis. Sentimentos, então, nem se fala.

A razão é dada àquele que melhor sabe se expressar. Aos justos, aos simples, aos sinceros e aos bons de espírito.

Por vezes, palavras mal colocadas criam obstáculos intransponíveis.

Por isso o amor é importante, centelha viva que acalma o ser.

Auxilie com palavras que possam construir, nunca arruinar.

Que sempre saia de tua boca aquilo que possa auxiliar, pois o pecado, às vezes, está na maldade do orientar.

A língua revela o que tem o coração.

Guarde bons sentimentos, bons pensamentos e boas palavras.

És o resultado das coisas que se somatizam em teu ser.

Sentimentos bons, boa vivência.

És luz...

Osmar Barbosa

A coragem para vencer

"Alma corajosa não é aquela que se dispõe a revidar o golpe recebido e sim aquela que sabe desculpar e esquecer."

Chico Xavier

Estamos em experiência terrena.

Somos espíritos eternos em direção ao ainda incompreensível.

O que há porvir é algo que nossas mentes ainda não compreendem, pois Ele tem uma dimensão ainda não revelada.

Não há como desistir do inevitável.

Todos estão no grande oceano chamado evolução.

Cada um no seu barquinho navegando ao destino certo.

Uns velejam sobre as águas bravias, outros, em seus botes infláveis, mal saem do lugar.

Mas o destino é para todos.

O grande oceano se encontra dentro do Ser eterno.

Rios estão destinados ao mar.

És o pequeno córrego que busca o encontro das águas mansas, onde está o Criador.

Cada um tem o dom de perdoar. Exercite-o e saia para o mar da vida fortalecido no amor.

Coragem para recomeçar.

Esperança para vencer e amor para entregar. É assim que Ele espera nos encontrar.

Vença a si mesmo, primeiramente, para depois vencer o mundo como Ele venceu.

Osmar Barbosa

Amigo

"Amigo, continua servindo e não temas. Onde viste o lavrador que deitasse as sementes na terra e as visse germinar, no mesmo instante? O serviço que te confiei é aquele mesmo que o Pai me deu a fazer... Nenhum gesto de bondade e nenhuma palavra de amor se perdem na construção do Reino do Bem-Eterno."

Chico Xavier

Encontros, desencontros...

Chegadas, partidas....

Chegamos à vida material para nos encontrar com aqueles que precisamos resgatar.

Deixamos, na vida eterna, aqueles que nos amam muito, saudosos e torcendo por nosso sucesso.

É como mandar um filho à escola, ficamos vigiando o horário do retorno do filho mais instruído. Se ele se atrasa, nos preocupamos. Se chega mais cedo, queremos saber o real motivo.

Assim é a encarnação.

Assim é a vida após a vida.

Idas e vindas à escola que chamamos de vida.

Através das lições diárias, todos se destinam à perfeição.

São elas que moldam o espírito eterno.

Aproveite cada segundo evolutivo, mesmo que não compreendas algumas coisas, elas são para te melhorar.

Confie, você é parte de um grande projeto chamado evolução.

Não se prenda às coisas do mundo, pois elas pertencem ao mundo.

Chegaste despido, e malvestido retornarás.

As coisas que te farão melhor carregarás dentro do teu ser eterno.

Osmar Barbosa

Ampare sempre

"Ampara aos que se acham perseguidos pela ignorância ou pela crueldade."

Chico Xavier

Ninguém vai te compreender, porque estais incompreensível.

Há mistérios em nós que ainda não descobrimos.

Sentimentos e pensamentos vão se descortinando à medida que crescemos como ser.

Adquirindo experiências, nos aproximamos das coisas ocultas de nós mesmos.

Lições que nos são apresentadas e que nos fortalecem para vencer nos moldam para viver plenamente.

Os anos te aproximam da sabedoria.

Não há como julgar o que ainda não compreendemos.

Seja o bom exemplo...

Ampara os que sofrem.

Acolha os que se encontram desamparados.

Dê comida a quem tem fome, água a quem tem sede e amor a quem está por desistir.

O abraço é o remédio do espírito.

O carinho é o conforto do coração.

E a amizade, a fortaleza que sustenta.

Aproveite-se.

Conheça-te a ti mesmo e melhore-se por dentro.

Molda teu espírito, prepara-o para a vida vindoura.

Seja o bom filho que retorna evoluído para o encontro com o Pai eterno.

Osmar Barbosa

Não te revoltes

"Ante as crises da vida, não te revoltes. Serve."

Chico Xavier

Mente vazia, território perdido.

Ocupa-te na tarefa do bem.

O que desejares ao próximo lhe será entregue em algum momento da sua existência.

Aquele que serve será servido.

O que entrega, receberá.

Compreender para ser compreendido.

Amar para ser amado.

Pois é dando que se recebe.

E é morrendo que se vive para a vida eterna.

Já dizia o grande pastor.

Dai a César o que é de César.

Segue o roteiro da vida, é ele quem te vai preparar.

Nunca te revoltes, há motivo em todas as coisas.

O maço e o cinzel são o que moldam a pedra bruta.

O ferro, antes de se tornar ferramenta, passa pelo calor que o molda para a utilidade.

Vós estais sendo moldados todos os dias.

Confia, segue e modifica-te.

Osmar Barbosa

O pão da vida

"Façamos da caridade o pão espiritual da vida."

Chico Xavier

Alimente-se do amor.

Distribua caridade.

Aquele que à tua porta bate é enviado necessitado.

Reparta o que te sobra.

Doe o que não te serve.

Alimente com palavras carinhosas os sedentos de amor.

Distribua honestidade, pois colhes aquilo que semeias.

Ainda hoje receberás algo que não esperas, porque aquele que serve será servido.

O que ampara será amparado.

Aquele que tudo sabe e tudo vê está a te observar todos os dias.

Não estás sozinho em nenhum segundo de tua existência eterna.

Tudo o que desejares, receberás no tempo certo.

A caridade é ferramenta útil à melhora moral.

Sempre que te procurarem, há um motivo.

Sempre que te achar fraco, lembre-se que Ele morreu de braços abertos para mostrar que é de braços abertos que nos receberá.

Osmar Barbosa

Estamos acompanhados

"As almas afins se engrandecem constantemente repartindo as suas alegrias e os seus dons com a Humanidade inteira, não existindo limitações para o amor, embora seja ele também a luz divina a expressar-se em graus diferentes nas variadas esferas da vida."

Chico Xavier

Colonizadores espirituais estão sempre em missão terrena para semear a luz que todos necessitamos para seguir em frente.

Abnegados espíritos amigos encarnam entre nós para nos trazer as tecnologias que nos impulsionam para frente. Todos estamos indo em frente, mesmo sem perceber.

Irmãos de outros orbes, mentores, instrutores espirituais, irmãos amigos que deixam de lado suas tarefas espirituais para trazer a nós, os ensinamentos que nos impulsionarão a seguir em frente.

O que seria de nós se não fossem esses amigos do plano maior!

O que seria dos encarnados se não fossem os desencarnados!

Gratidão é a palavra.

Gratidão todos os dias.

A luz que vem do alto é que ilumina a estrada dos aflitos.

Sintonize tuas forças espirituais e esses amigos superiores, eles estão aqui para ajudar.

Bom filho, excelente pai.

Osmar Barbosa

Mãe

"As mães e os pais terrestres foram convocados a negócios de renúncia, exemplificação e devotamento."

Chico Xavier

Mãe é exercício de amor.

Mãe é saudade constante.

Mãe é luz na escuridão, remédio para dor, alimento da alma em qualquer ocasião.

Nossos pais são os primeiros a nos amar e os últimos a nos deixar.

Amparadores que são, nunca se esquecem do amor. Cada separação, intensidade de amor.

Encarnação, estreitamento de laços eternos.

São elas que intensificam o amar.

São espíritos abnegados no exercício do amor eterno.

Muitos vêm para colher a semeadura antiga.

Fortalecendo o mais nobre sentimento.

Um dia, todos se reencontrarão para novas existências, novas experiências e mais amor.

Não há palavra para definir o amor de nossos pais.

São laços eternos que jamais serão rompidos.

Mãe, três letras que traduzem o maior dos sentimentos.

O amor...

Osmar Barbosa

Auxilia sempre

"Auxilia aos outros, tanto quanto puderes. Cada pessoa que hoje te encontra talvez seja amanhã a chave de que necessitas para a solução de numerosos problemas."

Chico Xavier

Não há acasos...

Encontros, desencontros, chegadas, partidas.

Assim é que experimentamos.

É assim que exercitamos o amor.

É assim que nos aproximamos do Pai.

Auxilia sempre, pois aquele que serve será servido.

A lei é clara: plantação, colheita.

Ajustes... é para isso que estamos aqui.

Auxilia sempre.

O abraço une corações, reencontra almas e aquece o frio da depressão.

Seja o filho pródigo, aquele que veio, modificou-se e voltou à casa do pai modificado.

Cada pessoa que encontras hoje tem ligações com você, podes não lembrar, pois o véu do esquecimento é para te proteger.

Se te fere, é porque você feriu.

Se te magoa é porque você magoou.

Se te abandona, você já deve ter abandonado.

Exercite o perdão, o amor e, acima de tudo, a misericórdia, ela pode te salvar.

Osmar Barbosa

Seja justo

"Nem sempre terás o que desejas, mas enquanto estiveres ajudando os outros encontrarás os recursos de que precisa."

Chico Xavier

Desconheces o passado temporariamente para que possas cumprir aquilo que o tornará melhor.

O véu da ignorância proposital é o que nos impulsiona ao amor ao próximo.

Sem ele, a vida seria sem sentido.

Só conhecerás o passado quando da terra partires.

As lembranças são pequenos sinais que devemos seguir fielmente.

Você está no lugar certo, na família certa, no idioma certo, na pele certa, no lugar exato para te encontrar consigo mesmo.

É agora, e não amanhã.

Não existem acasos. Estás ligado a esse corpo que moldaste para essa existência.

Confie, seja justo, seja bom.
O equilíbrio do juízo traz felicidade plena. Interaja com a natureza, ela está receptiva ao teu ser. Porque Ele assim o fez.

Osmar Barbosa

Construindo sua própria vida

"Cada criatura constrói na própria mente e no próprio coração o paraíso que a erguerá ao nível sublime da perfeita alegria, ou o inferno que a rebaixará aos mais escuros antros de sofrimento."

Chico Xavier

És o objetivo da criação, a cereja do bolo. Antes mesmo de tua chegada, tudo foi preparado. O enxoval estava pronto.

Chegaste ignorante para, através das encarnações sucessivas, encontrar o nirvana necessário à todos.

Assim fez o criador.

Assim faz o criador.

Assim todos alcançarão o objetivo do Pai maior.

Seja o bom filho que retorna a casa do pai, limpo das coisas do mundo e livre dos miasmas das sucessivas vidas.

O objetivo é o amor.
É ele quem te edifica todos os dias.
Exercite-se.
Mova-se.
Ame.

Osmar Barbosa

O bem comum

"Centraliza-te no esforço de auxiliar no bem comum, seguindo com a tua cruz, ao encontro da ressurreição divina. Nas surpresas constrangedoras da marcha, recorda que antes de tudo importa orar sempre, trabalhando, servindo, aprendendo, amando e nunca desfalecer."

Chico Xavier

Cada um de nós tem seu peso e sua medida.

Não há carga que não possas suportar.

Deus dá a seus melhores soldados as mais difíceis batalhas.

Olhe a mãe que cria seu filho doente...

Olhe para o animal que luta para defender sua cria...

Seja o exemplo de resignação, aceitação e amor.

Tudo o que Ele tem para ti ainda não és capaz de imaginar, quiçá compreender.

A lua clareia a noite dos tristes para que o sol brilhe no coração daqueles que acreditam que existe algo maior.

Auxilie sempre o necessitado, ampara o perdido e acolha os que te buscam na seara da vida.

Seja o bom pastor, o melhor amigo e o verdadeiro irmão.

Busque e encontrarás.

Tudo o que precisas está no universo a te esperar.

Acredite, és o objetivo maior, a cereja do bolo, a razão do todo.

Aquele que sofre hoje será o alegre do amanhã, acredite, Ele te ama profundamente.

Osmar Barbosa

Seja humilde

"Colocar-te-ás na posição dos que sofrem, a fim de que faças por eles tudo aquilo que a ti desejarias nas mesmas circunstâncias."

Chico Xavier

Todo esforço é recompensado.

O que os olhos não veem, o coração é capaz de sentir.

Olhe com os olhos do amor e verás que tudo a seu redor tem um objetivo.

Seus filhos são teu tesouro.

Teus pais, o exemplo a seguir.

Teus familiares, a construção.

Nada está ao acaso.

És a boa semente espalhada no universo para um dia se tornar estrela brilhante no céu da caridade.

Quando a dor do outro não te fere, estás vazio.

Vazio de amor.

Vazio de bondade.

Vazio de caridade, a construtora eterna. Tens, todos os dias, oportunidades infinitas de servir.

É o serviço que te aproximará do Pai eterno.

Como nos disse o Messias, ninguém vai ao Pai se não por mim.

Creia, seja justo e bondoso, pois estás destinado à vida plena.

A eternidade te espera para, junto a ti, abrilhantar o universo.

Osmar Barbosa

Esforça-te e vencerás

"Comecemos nosso esforço de soerguimento espiritual desde hoje e, amanhã, teremos avançado consideravelmente no grande caminho!"

Chico Xavier

Não há vitória sem luta.

Não há caridade sem amor.

Não há luto sem saudade.

Não há palavras para definir as coisas que ainda experimentaremos.

Segue o homem seu destino.

Seguem os espíritos a evoluir.

Ele é o caminho, a verdade e a vida.

Ninguém vai ao Pai senão por Ele.

Siga-o, e verás o quão bom é viver ao lado do Senhor.

Transforme-se todos os dias, pois o destino é a transformação total.

Molda teu caráter todos os dias.

Escarneie de ti as mazelas da alma.

Cure as feridas da vida e seja humilde de coração, pois, como nos disse o messias: Bem-aventurado os humildes, pois herdarão a terra.

Osmar Barbosa

Seja compreensivo

"Compreendamos que unicamente cooperando na paz dos outros é que o concurso da paz virá ao nosso encontro."

Chico Xavier

A compreensão é virtude dos caridosos, dos amantes e dos sinceros.

Não há paz sem diálogo, não há amor sem razão.

Todos estamos no mesmo barco e, no leme, o nosso Senhor Jesus.

Confia tua vida àquele que tudo sabe e tudo vê, segue com o peso das tuas derrotas, vencendo os dias que ainda te restam para glorificar o santo Senhor.

Haverá o dia em que as lembranças serão alegrias incontáveis.

Haverá o dia em que glorificarás, todos os dias, o santo nome Senhor.

Haverá o dia em que compreenderás os motivos de tuas lutas e as razões das derrotas e das vitórias.

Seja o exemplo a seguir.
Seja o bom fi lho que à casa retorna.
Seja você aquilo que desejas no outro.
Tua caminhada é única.
Nada está ao acaso. Nada se perde.
Para tudo há um motivo, uma razão, e um sentido.
Abençoe para que sejas abençoado.
Perdoe para que sejas perdoado e ame para que sejas amado.

Osmar Barbosa

Trabalhe sempre

"Compreender constantemente. Trabalhar sempre. Descansar, quando se mostre necessária a pausa de refazimento. Parar nunca."

Chico Xavier

Chegastes a esse mundo para cumprir compromissos pretéritos.

Não há encarnação sem propósitos.

Nada está ao acaso.

És o único responsável pelas conquistas que vieste a fazer.

És o único responsável por tua existência e tens os bons amigos, no plano maior, para lhe auxiliar.

Portanto, não esmoreça diante das batalhas que te glorificam diante de Deus.

Ontem, passado.

Hoje, oportunidade.

Amanhã, o deleite da doce vitória.

Ao que existe, glórias.

Ao que passou, lembranças.

Ao futuro, a certeza dos reencontros inesquecíveis.

Trabalhe sem descansar, pois haverá o dia do descanso.

Aproveite a vida presente maior, para glorificar o que te oportunou.

Ame, trabalhe e confie.

Ele está a te guiar.

Osmar Barbosa

Confie em Deus

"Confia em Deus, mas não te esqueças de que Deus confia em ti."

Chico Xavier

Estamos entregues ao destino que criamos antes da partida da vida espiritual. Não há acasos.

Aqui se cumprem as promessas pretéritas.

Quando crianças, sonhastes com a juventude. Ao receber a puberdade, desejais a maturidade, e elas chegam aliadas as dúvidas que te crucificaram a alma na caminhada terrena. Eis que surge a velhice...

E na velhice, percebes que o real motivo da vida é a caridade. É que é ela que realmente te elevará aos olhos de Deus.

A vida não se resume a essa vida.

Já sabeis disso...

Há muitas moradas na casa do Pai, como nos disse o irmão.

Portanto, caminhes confiando naquele que te confiou a vida.

Deixe para trás as marcas da alma e reconstrua aquilo que vieste fazer.

Não é vergonha pedir perdão, vergonha é esconder-se atrás das inverdades.

Ele te confiou a vida.

Ele é o experiente navegador, o dono do destino e a ti confiou as verdades, reveladas no evangelho vivo do amor.

Osmar Barbosa

Corrija teu passado

"Corrijamos a nós mesmos, antes que o mundo nos corrija."

Chico Xavier

A vida é colheita obrigatória.

Semeadura diária.

Todas as dificuldades servem para moldar-nos para a vida futura, confia nessas palavras, pois elas são do Senhor teu Deus.

Aquele que de frente encara o mundo sairá vencedor, pois ao lado dos soldados estão os anjos que te acompanham por todas as vidas.

Agora é lutar.

É perseverar.

É vencer para não ser vencido.

É mostrar para o que veio e realizar as coisas no amor.

É permitir-se, todos os dias, realizar aquilo que trazes em teu coração.

As mudanças são necessárias, e as transformações são o molde da vida plena.

Não adianta nada uma vida sem perdão. Não vale a pena insistir naquilo que te avisas o Senhor em teu coração.

Corrija-se enquanto há tempo.

Modifica-te a vida.

Transforme-se e verás que há coisas maiores para crer.

Não julgue para que não sejas julgado.

Perdoe sempre, porque o perdão te conduzirá à vida plena.

Osmar Barbosa

A colheita é obrigatória

"De tudo o que semeares, efetivamente colherás."

Chico Xavier

Tudo o que semeares, colherás.

Tens pensado nisso?

Tens a responsabilidade para com os seus?

Como tens aceitado as derrotas?

Elas te edificam? Te modificam?

Sabes o real motivo da tua encarnação?

As responsabilidades só são dadas aos capazes.

As derrotas são pancadas que forjam a perfeição.

O motivo da tua encarnação está escrito em seu coração.

Confia, segue e vai.

O fogo molda o aço. A fornalha, o barro. Por vezes, precisarás passar pelo fogo do inferno para modificar-te o espírito.

És semeeiro. Pense nisso!

Tudo o que plantas, colherás.

E não adianta orar sobre a pimenteira se queres colher rosas.

Não julgue, pois serás julgado em igual proporção, já dizia o Messias.

Dai a César o que é de César, nos ensinou o irmão, portanto, modifica-te e verás quão verdadeiro é o evangelho evolutivo do amor.

Osmar Barbosa

O inferno de cada um

"Dentro da visão espírita-cristã, céu, inferno e purgatório começam dentro de nós mesmos. A alegria do bem praticado é o alicerce do céu. A má intenção já é um piso para o purgatório e o mal devidamente efetuado, positivado, já é o remorso que é o princípio do inferno."

Chico Xavier

O céu e o inferno são portáteis – já dizia uma querida mentora espiritual.

Cada um de nós carrega dentro de si aquilo que necessita para aprimorar-se, para vencer os desafios diários, até os mais íntimos desafios.

Positividade é força que edifica a alma.

Triste aquele que julga ou que carrega dentro de si a má intenção, pois vive constantemente em angústia e solidão.

Ama enquanto é tempo.

Perdoa para que sejas perdoado.

Não inflija a lei maior, pois o que te julgará não está encarnado.

Respeita a lei dos homens e tema a lei de Deus.

Ele é o cajado que vos sustenta, a fé que vos alimenta e a estrela que vos guia.

Quando crias em ti sentimentos ruins, eles te levarão à derrota.

Remova sentimentos negativos, transforme-os em atitudes de caridade.

É possível vencer-se, saiba disso.

Ele vos guia, mesmo sem perceberes.

Ore e confie, você não está sozinho.

Osmar Barbosa

Não te desespere

"Deus colocou a esperança em cada realização da Natureza, por que haveremos nós de desesperar?"

Chico Xavier

Tudo o que teus olhos veem foi criado para tua alegria.

Tudo o que teu paladar é capaz de sentir foi criado para tua satisfação.

Tudo o que teus ouvidos ouvem foi criado para alegrar-te a alma.

Tudo o que sentes é para modificar-te, destinando-te ao prazer da vida.

Tudo aquilo de que precisas para viver já está criado. Aquilo de que ainda vais precisar, Ele já deixou pronto na natureza te esperando.

És o motivo, a razão, o objetivo do Pai.

Não perca as esperanças em dias melhores, eles virão.

Confie no Criador de todas as coisas, porque Ele te confiou o mundo.

Você é o motivo, a razão o significado.

Desperte o que está reprimido em seu ser.

Ame hoje, abrace hoje, sorria hoje. Deus é contigo.

Osmar Barbosa

As dificuldades

"Dificuldades que te surpreendam são os testes aconselháveis em que te cabe encontrar aproveitamento."

Chico Xavier

Não se forja o ferro sem aquecê-lo.

Não se molda o barro sem levá-lo a altas temperaturas.

Nada cresce sem adubo.

A forma tem objetivos.

Tudo é cíclico, uns chegam, outros partem.

Há uma enorme engenharia nas chegadas e partidas.

Milhares de espíritos trabalham para que tudo se cumpra.

Há leis que ainda não compreendes, pois estás aqui em provas e expiações.

Haverá o dia dos reencontros, e será, para ti, o dia mais feliz.

As dificuldades que encontras são instrumentos que te fortalecem para o amanhã.

Aquilo que ainda não compreendes, compreenderás na vida plena.

Tudo tem um motivo, uma razão e um objetivo, tudo mesmo.

Confia tua vida a teu Pai que tudo sabe e tudo vê. A alma só se realiza ao encontrar-se novamente como alma, e não como corpo.

O corpo é a prisão do espírito, que, quando liberto, se delicia do orgasmo existencial.

Osmar Barbosa

A felicidade é teu destino

"Enquanto houver um gemido na paisagem em que nos movimentamos, não será lícito cogitar da felicidade isolada para nós mesmos."

Chico Xavier

A grande engrenagem evolutiva está em andamento.

Alegrias para uns, tristeza para outros.

Chegadas e partidas.

Encontros, desencontros.

Uns vêm, outros vão.

Assim caminham os espíritos na senda evolutiva.

Há momentos de incompreensão, de tristeza e de solidão.

Há outros de satisfação e muita alegria com as coisas que Deus nos presenteia todos os dias.

Merecemos estar onde estamos. Escolhemos ser o que somos. E moldamos aquilo que precisamos para evoluir.

Programamos nossos reencontros e precisamos suportar as provas, elas nos edificam, nos fortalecem e nos preparam para o amanhã.

Faça a sua parte, pois tens algo a fazer.

És parte de uma grande engrenagem chamada evolução.

Triste o que ainda não compreendeu que precisa das modificações para alcançar o nirvana.

Modifica-te.

Osmar Barbosa

Esqueça as injúrias e ofensas

"Esquece injúrias e ofensas. Não lastimes o passado. Não censures a ninguém. Segue sempre para diante e não temas. Deus vigia."

Chico Xavier

Quando te ofenderes, pense naqueles que ofendemos sem perceber.

Quando nos negamos a ver ou perceber a dor do outro, somos nós os ofensores.

Há crianças que precisam de amor e nem percebemos.

Há os que sentem frio e nos calamos.

Há irmãos morrendo de fome e não os alimentamos.

Há milhares de mães que choram, todos os dias, a perda de seus filhos e não rezamos por essa dor.

Esqueça tudo o que de mau é dirigido a ti, caminhe confiante que um dia serás capaz de perceber a dor do outro, pois ela te modificará.

Perdoe para que sejas perdoado.

Ame para ser amado.

Auxilie para que sejas auxiliado.

Ampare para que te sirvam um dia.

Alimente para que não te falte nada.

Esqueça os ofensores, não vale a pena.

Dedique seu tempo e vida a semear o amor, como Ele o fez.

Osmar Barbosa

Estenda as tuas mãos

"Estenda a mão ao que necessita de apoio. Chegará seu dia de receber cooperação."

Chico Xavier

Dai com uma mão sem que a outra perceba...

Seja o filho pródigo, aquele que olha para todos os lados e só vê amor.

Um dia, todos estaremos sentados ao lado do Pai, à direita, como Ele prometeu, e então regozijaremos a alegria da tarefa vencida.

A mais bela flor é a que brota do jardim da alma e perfuma todo o ser.

O mais belo espera pelos filhos que saíram a passear.

E, nos braços do nosso querido Pai, poderemos nos alegrar, afinal, fomos ao mundo e de lá trouxemos o que de melhor há.

Descobrimos o amor.

Descobrimos a gratidão, sem ela somos potes vazios.

Auxilie sempre os que te buscam e esperam em ti o auxílio.

Seja o exemplo de caridade e amor.

Se não houvesse caridade, seriamos potes vazios, latas velhas enferrujadas ao tempo.

Como nos disse o apóstolo do amor: Ainda que eu falasse as línguas dos homens e dos anjos, e não tivesse amor, seria como o metal que soa ou como o sino que tine, seríamos vazios.

Fora da caridade, não há salvação.

Osmar Barbosa

Examina o caminho

"Examina o sentido, o modo e a direção de tuas palavras, antes de pronunciá-las."

Chico Xavier

Todos os dias, tens uma tarefa a executar.

Todos os dias, és acordado pelo universo para com ele interagir.

Busque, nas relações, o encontro da alma para expiar.

Ao encontrares o seu grande amor, corra com ele a experimentar.

Pais, mães, filhos, amigos, todos estão ligados a ti por centenas ou até mesmo milhares de anos.

Os encontros são evolutivos, tens que crer nisso.

Sois viajores na nave evolutiva do amar. Aproveite as oportunidades para reparar faltas cometidas preteritalmente.

O bem e o mal vão te testar.

Vença-o com humildade, amor e sabedoria, pois vais precisar.

Lembre-se de que Ele te entrega todos os dias uma página em branco, escreva a mais linda história. Escreva com amor a história de tua curta existência terrena.

Examina sempre teu caminho.

Quem semeia rosas traz sempre um pouco de perfume nas mãos.

És semeeiro a semear.

Saíste do divino para na terra expiar.

Faça valer a pena.

Osmar Barbosa

Não existem acasos

“Nada se realiza de útil e grande sem a coragem.”

Chico Xavier

Se os acasos existissem, certamente não existiria Deus.

Se os encontros e desencontros fossem ao acaso, não existiria Deus.

Se seus amores não fossem de outras vidas, não existiria Deus.

Se teus filhos, teus pais, aqueles que muito amas, não fossem do passado, certamente não existiria Deus.

Deus é a luz que guia.

A força que dá vida.

O alimento que sustenta.

A razão de tudo.

O motivo de todos.

Estás ligado ao todo sem perceber.

Haverá o dia em que te encontrarás consigo mesmo. O dia em que todas as lembranças te enriquecerão o espírito.

Tudo lhe será revelado e compreenderás os reais motivos de tua curta existência no plano terreno, compreenderás os motivos de Deus.

Tenha coragem para vencer-se todos os dias, pois eles te moldam a alma e te enriquecem o Ser.

Deus tem uma palavra para você, um sentido há em tua vida.

Confia, segue e realize o que tens a realizar.

Osmar Barbosa

Não critiques

"Não critiques. A lâmina de nossa reprovação volta-se, invariavelmente, contra nós, expondo-nos as próprias deficiências."

Chico Xavier

Aquele que julga será julgado...
Aquele que perdoa será perdoado...
Aquele que ama será amado...
Aquele que edifica será edificado.
Aquele que doa, receberá.
Aquele que é caridoso, caridade receberá.
Aquele que auxilia, auxílio receberá.
Aquele que crê, a crença o receberá.
Aquele que ampara será amparado.
Os que sofrem serão consolados.
Os que lutam serão vencedores.
Os que auxiliam serão auxiliados. Confie,
Ele está onde nem imaginas.

Ele ainda tem algo incompreensível para te revelar.

És o sol que brilha na imensidão da vida.

Estás no lugar certo, com as pessoas certas, expiando para evoluir e alcançar o que Ele determinou.

"Amai-vos" é a lição.

Osmar Barbosa

Não desesperes

"Não desesperes. O raio de nossa inconformação aniquilará a sementeira de nossos melhores sonhos."

Chico Xavier

Por que achas que és obra do acaso, se ele não há?

Quais os motivos para entristecer-te?

Não observaste ainda que és o filho pródigo, que precisa passar pelas provas para se modificar?

Olhe o pássaro que nada pede e só quer cantar.

Olhe a viúva que sofre todos os dias a se lamentar.

Aproveite o tempo que ainda te resta para te modificar.

Aprenda, definitivamente, que sua hora vai chegar, e que nessa hora, é Dele que você vai precisar.

Precisas te compreender e aceitar a si mesmo como és. Ele tem um propósito para você.

Deixe de lado a futileza e engrandeça-te com a divindade que há entre a caridade e o amor.

Realize teus sonhos, vá atrás de teus objetivos, pois eles são lembranças do passado.

Tens depositado em ti a coragem e a força suficiente para vencer o mundo como Ele venceu.

Tenha paciência, o tempo é Dele.

És viajor eterno.

Ainda que duvides, creia: "és uma consciência eterna habitando temporariamente um corpo físico"

Morrer é apenas um acontecimento biológico para a liberdade do espírito. Pense nisso...

Osmar Barbosa

Não exijas perfeição

"Não exija perfeição nos outros e nem mesmo em você, mas procure melhorar-se quanto possível."

Chico Xavier

És o limo do solo dos anjos.

Ainda precisas muito caminhar.

A imperfeição é algo a assustar.

Por que não confias logo que precisas melhorar?

Por que não se entregar aos ensinamentos que vão te edificar?

Não há uma melhor igreja, não há um melhor lugar.

Ele habita dentro de seus filhos e está ali a te esperar.

Modifica-te todos os dias.

Transforme sentimentos ruins em atitudes de caridade.

Elas irão te modificar.

Não exijas do outro o que não tens para dar.

Busque compreender que todos estão a expiar, todos vamos experimentar, e das lições aprender o amor, pois só ele é capaz de nos modificar.

Seja exemplo se queres mudar quem está ao seu lado a expiar.

A melhor forma de educar é mostrar que o seu caráter não se modifica diante das tentações da vida.

Ame sempre, pois Ele está a te observar.

Osmar Barbosa

Não firas

"Não firas. O golpe da nossa crueldade brandido na direção dos outros, retornará a nós mesmos, inevitavelmente, fazendo chagas de dor e aflição no corpo de nossa vida."

Chico Xavier

Aquele que fere será ferido.

Aquele que causa mágoa, triste há de ficar.

Aquele que anda nas trevas, jamais a luz verá.

Sois deuses em treinamento para com o Pai co-criar.

Todos expiam para se melhorar.

Todos sofrem para se moldar.

Todos, um dia, ao encontro dos que se foram, irão retornar.

Aproveite seus dias, pois não sabes ainda quantos deles te restarão.

A vida não se resume a uma única vida.

A multiplicidade de existências é o que molda o espírito eterno à perfeição.

Embora alguns se percam na estrada evolutiva, todos, um dia, se reencontrarão na vida plena.

Não faça ao outro aquilo que não queres para ti – disse-nos o Messias.

Amai-vos como Ele vos amou.

Osmar Barbosa

O homem inferior

"Não nos esqueçamos de que o filho descuidado, ocioso ou perverso é o pai inconsciente de amanhã e o homem inferior que não fruirá a felicidade doméstica."

Chico Xavier

Não há homens maiores ou menores, todos são iguais diante dos olhos do Criador.

O que há são espíritos que estão andando à frente e buscam os que vem atrás puxar.

Tenha cuidado quando tuas palavras proferir, elas podem te condenar.

Ele andou entre os mais humildes, porque os humildes melhor o compreenderam.

Ele viveu entre os pobres, porque somos pobres enquanto não aprendemos a amar.

Não há melhores nem piores, o que há são almas a expiar.

E é expiando que atingiremos a plenitude espiritual.

És a cereja do bolo, o motivo de tudo, a razão do criador.

Tudo posso naquele que me fortalece, ainda que me ache no vale da escuridão, haverá sempre a luz espiritual a me guiar.

Somos o resultado do amor maior.

Somos o motivo, a razão, o propósito, o objetivo maior.

Todos os dias, recebemos uma linda página em branco. O que escrevemos nela é o que nos diferenciará daqueles que ainda não carregam dentro de si a certeza da vida eterna.

Osmar Barbosa

Casa-te

"Não se esqueças de que casar é tarefa para todos os dias, porquanto somente da comunhão espiritual gradativa e profunda é que surgirá a integração dos cônjuges."

Chico Xavier

Alma gêmea de minha alma.

Os laços são eternos.

Ao reencontrar-se com quem amas, siga o destino certo que é casar.

Edifica teu lar na senda do Senhor teu Deus, que tudo sabe e tudo vê.

Frutifica tua casa.

Fluidifica a tua vida.

Encontros são combinações pretéritas, não se esqueça disso!

Estás ligado a outros espíritos pela eternidade.

Estás aqui por um motivo, um objetivo maior.

Una-se à plenitude que te cerca, aprenda a enxergar no outro aquilo que necessitas para melhorar.

Seja o exemplo.

O bom filho.

O divulgador do amor e a recompensa lhe trará aquilo que mais necessitas para ser feliz.

Ama hoje.

Osmar Barbosa

Não te encolerizes

"Não te encolerizes. O punhal de nossa ira alcança-nos a própria saúde, impondo-nos o vírus da enfermidade."

Chico Xavier

Todo o mal desejado lhe será entregue na mesma porção.

Não julgue para que não sejas julgado.

Não condene para que não sejas condenado.

Não calunies para que não sejas caluniado.

Aquele que fere será ferido – diz a lei.

A raiva adoece o coração, traz cólera ao fígado, enjoa o estômago.

O mal só traz desequilíbrios que arruínam o ser material.

A alma adoece quando não consegues perdoar.

Não acharás, nas palavras escritas, um só ensinamento que lhe assegurará a maldade, porque Ele é exemplo de amor pleno.

Ele é exemplo de ternura, de brandura e de serenidade.

És filho do todo e ao todo retornarás.

Deixarás para a Terra o que a ela pertence.

Pense nisso...

Osmar Barbosa

A conquista do bem

"Ninguém recolhe o bem sem conquistá-lo e ninguém recebe o mal sem atraí-lo."

Chico Xavier

Tudo o que semeias, colherás...

Tudo o que desejares, receberás...

Tudo o que é seu encontrará um jeito de te achar.

Nada está ao acaso.

Ninguém colhe o que não plantou.

E não adianta plantar pimenta e orar para que se transforme em maçã.

Pimenta é pimenta.

Maçã é maçã.

Plante amor e não se arrependerás do plantio.

Ao arrepender-se do mal praticado, procure o ferido para arrancar dele o perdão.

Essa é a ordem natural das coisas do Pai.

Amai-vos como Ele vos amou.

Esse é o ensinamento.

Seja pleno, viva plenamente, entregue-se ao divino e o divino o reconhecerá.

A vida é o resultado de tuas escolhas.

Osmar Barbosa

Os destinos

"Cada hora na vida é recurso potencial para a criação de novos destinos."

Chico Xavier

O que seria de nós se não tivéssemos novas oportunidades?

Se não houvesse a reencarnação, onde poderíamos e de que forma repararíamos as nossas faltas?

Cabe aos tolos a resposta sem sentindo.

Aos que se transformam, só há uma resposta.

A vida não termina com essa vida.

Assim, somos viajores reparando sempre as faltas que cometemos.

A mais comum de todas é julgar aquilo que não compreendemos.

Aqui se planta, aqui se colhe!

Seja o exemplo de resignação, de bondade e amor ao próximo, e tenha certeza que nada te faltará.

Aproveite ao máximo suas oportunidades, elas podem lhe faltar.

Auxilie sempre.

Ampare os que sofrem.

Acolha os solitários.

Ame os infelizes.

E seja caridoso, pois esse é o caminho para a salvação.

Osmar Barbosa

Não vale o que temos

"Na vida, não vale o que temos nem tanto importa o que somos. Vale o que realizamos com aquilo que possuímos e, acima de tudo, importa o que fazemos de nós."

Chico Xavier

Fora da caridade, não há salvação, já dizia o instrutor.

A caridade praticada é exercício pleno do amor.

A virtude caridosa é o que aproxima o filho do Criador.

Seja o bom pastor que conduz suas ovelhas para campos verdejantes.

Não jogue fora a oportunidade que tens para evoluir e tornar-se luz em todos os caminhos por que passares.

Só vivem na escuridão aqueles que não creem no amor eterno do Pai por seus filhos.

Deixe de lado o que é do mundo, pois a ele pertence.

Junte tesouros valiosos que a vida te apresenta todos os dias.

Modifique-se sempre, vale a pena!

Vida é oportunidade.

Oportunidade é momento.

E momento não se desperdiça.

Ele pode ser único.

Osmar Barbosa

O momento da vida

"O seu pior momento na vida é sempre o instante de melhorar."

Chico Xavier

É através das duras provas que moldamos nosso caráter e nosso espírito para as existências futuras.

É através da dor que vamos em busca do remédio para aliviar a alma.

O pior momento da vida antecede o momento de prazer.

As lutas diárias são as lições necessárias que moldam o espírito à perfeição.

Não há vitórias sem luta e, muito menos, colheita sem plantação.

O que semeias hoje é o alimento futuro.

O amor é o caminho, as transformações, necessárias.

Seja exemplo por onde passar.

Como diz o mestre... tudo passa... e o que és, será por toda a eternidade.

O vale do sofrimento é espera do desobediente.
Ao justo, a Terra.
Ao bondoso, o trabalho nas searas do amor.
Ao caridoso, colheita farta na espiritualidade.
Ao aluno, o professor.
Ao mestre, a lição e a todos, o Amor.

Osmar Barbosa

Recorda a felicidade

"Recorda: felicidade é uma construção a fazer. O alicerce está em ti mesmo."

Chico Xavier

Boas lembranças alegram o coração.

A boa gargalhada é a que sai de dentro do espírito.

Há momentos incompreensíveis, mas todos têm uma razão, um motivo, um objetivo.

Hoje sou, ontem fui, o amanhã é uma possibilidade.

Assim seguimos, vida após vida, a expiar e experimentar com outros espíritos aquilo que será eterno dentro de nós.

Sois deuses, já disse o Messias.

Aquilo que desejamos rapidamente se transforma, basta acreditar.

Todo o universo está ligado a você e se organiza para realizar seus desejos, basta estar ligado a ele.

Tudo o que Ele criou é para a felicidade plena de seus filhos.

Assim como o educador manda seu filho à escola,

Ele nos mandou à vida, para nela se formar e bacharelar-se na evolução necessária a todos os que foram e são resultado do amor divino.

Você é o filho predileto, creia.

Osmar Barbosa

Ouça teu coração

"Ouve os que te busquem a presença ou a palavra, com bondade e simpatia."

Chico Xavier

Todas as respostas para seus mais profundos questionamentos estão adormecidas em teu ser.

És um viajor eterno. Há muitas coisas a lembrar.

Quando menino, ensaiavas a puberdade, ao encontrá-la, desejaste a maturidade.

E essa te traz um pouco mais de sabedoria.

Seja o bom semeador.

Espalhe coisas boas por onde passar.

O amor é o único sentido para a vida.

Abrace, sorria, agradeça, ampare, auxilie, seja caridoso.

A vitória da vida está na saudade que deixamos nos corações amados.

Seja uma boa lembrança, pois é ela o que restará.

Semeie a bondade pois, sem ela, estás vazio do amor.

Seja o obreiro da justiça pois, sem ela, estás a sós na vida eterna.

Amizades boas são eternas.

Outras são lições, aprendizado constante para o espírito.

Ouça sempre o outro, pois toda história tem dois lados.

Mantenha-se ao lado da justiça e da verdade.

Osmar Barbosa

A solução de teus problemas

"Podes contar com Deus na solução de todos os teus problemas, entretanto, não te esqueças de que Deus conta contigo em todos os teus caminhos."

Chico Xavier

Andam por seus próprios meios os viajores da evolução.

Aos olhos do Pai são filhos indo à escola.

Péssima nota, troca-se a lição.

Aos bons alunos a formação superior.

Aqueles que se formam ainda jovens exercem posições de destaque no ensinamento do amor.

Tudo o que precisas já está no universo a te esperar.

Encontre-se com Ele, e verás quão bom é amar.

És a razão, o motivo, e Ele, o perdão.

Na sua hora final, ele estará de braços abertos a te esperar, e juntos novamente outras coisas experimentarás.

Conte sempre com Deus a te guiar.

Siga o mestre Jesus, pois só iremos ao Pai através do filho – está escrito.

Ele é o caminho, a verdade e a vida.

Que o amor seja o resultado de sua caminhada.

Osmar Barbosa

A fé

"Quem perdeu a própria fé nada mais tem a perder."

Chico Xavier

Se não houvesse o depois, o ontem não existiria. Nada está ao acaso nos universos do amor.

És o filho pródigo que está experimentando para que possas auxiliar o criador com suas criaturas.

Não penses que estás só, pois não há solidão no universo.

Todos estamos ligados uns aos outros por diversas vidas e nas vidas nos reencontraremos, essa é a lei.

Filho, olhe para dentro de ti e facilmente encontrarás um pouco de mim, pois antes mesmo de te sentir criatura, Eu moldei-me em teu ser.

Tenha fé, não se perca no labirinto da ignorância, seja o bom filho que estuda e volta formado.

A fé é o que te move, só ela é capaz de te aproximar de mim.

Eu sou o caminho, a verdade e a vida, ninguém vai ao Pai senão por mim... creias.

Deus é contigo.

Osmar Barbosa

Outros títulos lançados por Osmar Barbosa

Conheça outros livros psicografados por Osmar Barbosa.
Procure nas melhores livrarias do ramo ou pelos sites de vendas na internet.

Acesse o site
www.bookespirita.com.br

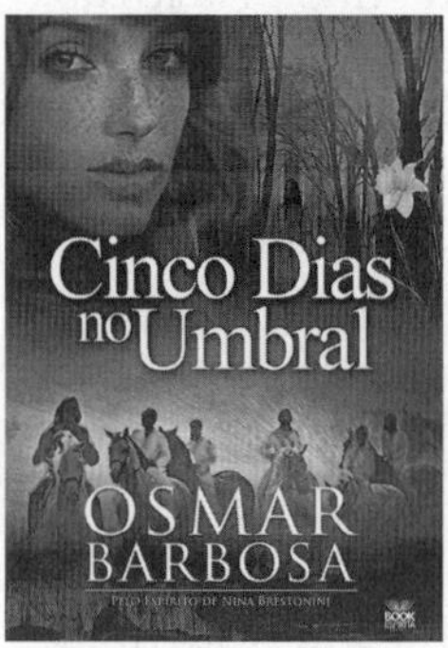

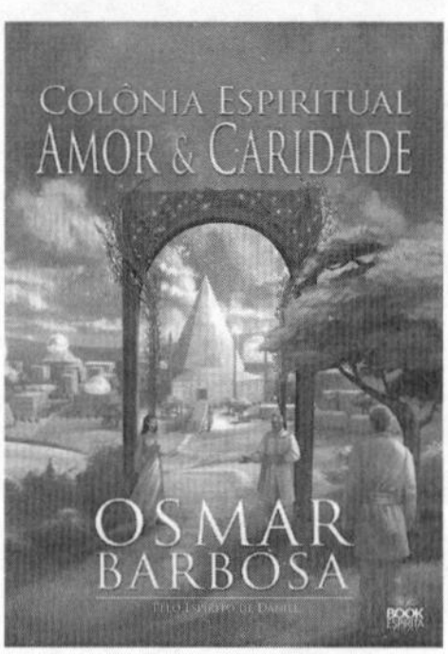

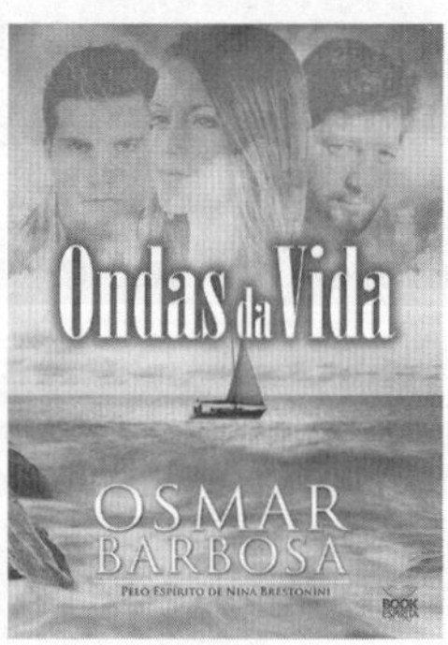

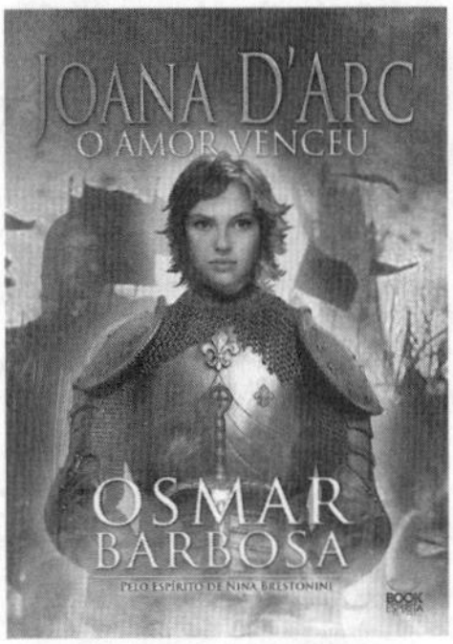
JOANA D'ARC
O AMOR VENCEU
OSMAR
BARBOSA
PELO ESPÍRITO DE NINA BRESTONINI

OSMAR
BARBOSA
PELO ESPÍRITO DE NINA BRESTONINI
ALÉM DO SER
A História de um Suicida

A
BATALHA
DOS
ILUMINADOS
OSMAR
BARBOSA
PELO ESPÍRITO DANIEL

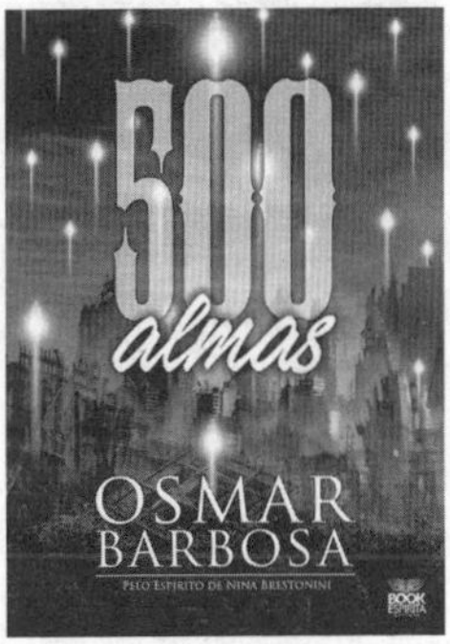
500
almas
OSMAR
BARBOSA
PELO ESPÍRITO DE NINA BRESTONINI

OSMAR
BARBOSA
PELO ESPÍRITO LUCAS
EU SOU
EXU

OSMAR
BARBOSA
Gitano
AS VIDAS DO
CIGANO RODRIGO

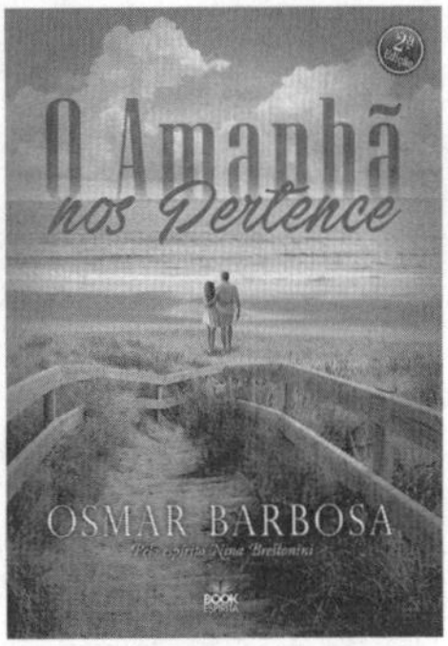
O Amanhã
nos Pertence
OSMAR BARBOSA
Pelo Espírito Nina Brestonini

Mãe,
voltei!
OSMAR BARBOSA
PELO ESPÍRITO NINA BRESTONINI

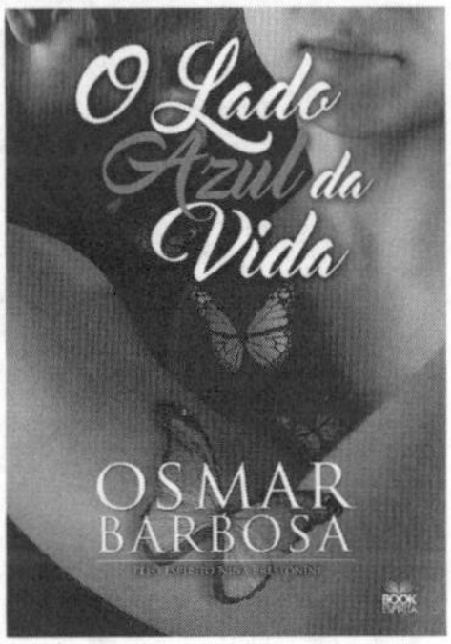
O Lado
Azul da
Vida
OSMAR
BARBOSA

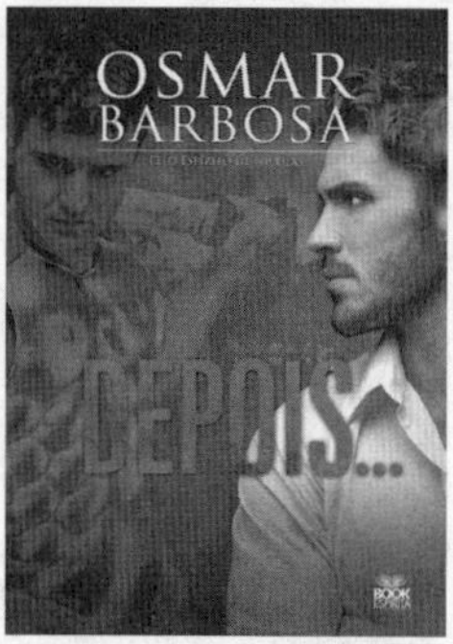
OSMAR
BARBOSA
DEPOIS...

O
LADO
OCULTO
DA
VIDA
OSMAR
BARBOSA
Pelo Espírito de Daniel

Entrevista
com
Espíritos
Os Bastidores do Centro Espírita
por
OSMAR
BARBOSA

Entre Nossas
Vidas
OSMAR
BARBOSA
Pelo Espírito de Nina Brestonini

Colônia Espiritual
Amor & Caridade
Dias de Luz
OSMAR
BARBOSA
Pelo Espírito de Daniel

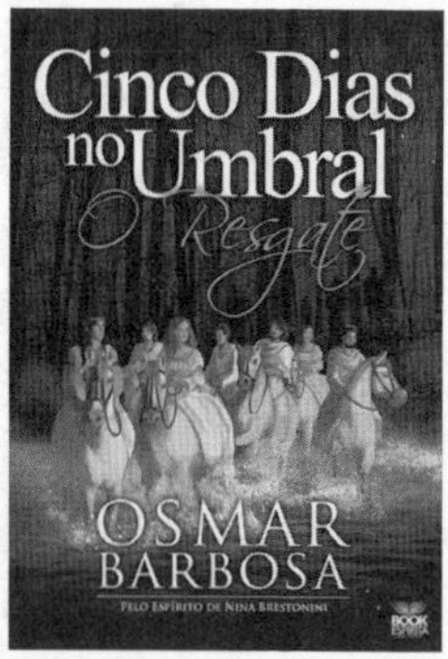
Cinco Dias
no Umbral
O Resgate
OSMAR
BARBOSA
Pelo Espírito de Nina Brestonini

OSMAR
BARBOSA
Pelo Espírito de Lucas
Amigo
Fiel

VINDE A MIM
O Evangelho no Lar
OSMAR
BARBOSA
Pelo Espírito de Daniel

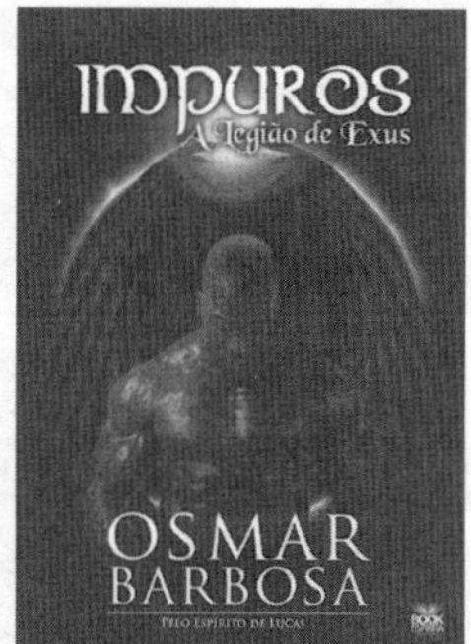
IMPUROS
A Legião de Exus
OSMAR
BARBOSA
Pelo Espírito de Lucas

O Médico de
DEUS
OSMAR
BARBOSA
Pelo Espírito de Nina Brestonini

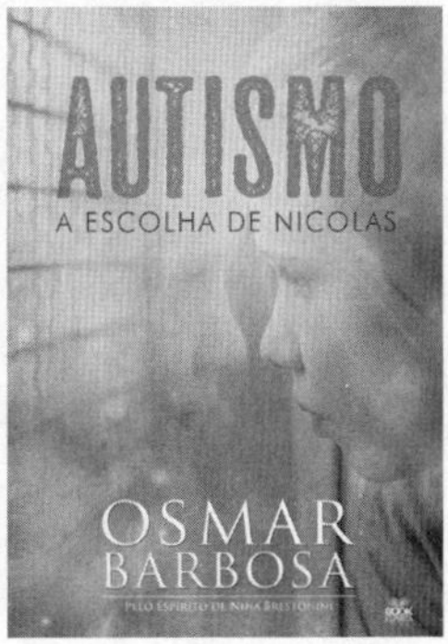
AUTISMO
A ESCOLHA DE NICOLAS
OSMAR
BARBOSA
Pelo Espírito de Nina Brestonini

UMBANDA
PARA
INICIANTES
OSMAR
BARBOSA

Agradeço todos os dias a Deus pela vida que me deu, agradeço pela família, pelos amigos e principalmente por poder partilhar com vocês esse conteúdo.

Gratidão.

Osmar Barbosa

Esta obra foi composta na fonte Century751 No2 BT, corpo 12.
Rio de Janeiro, Brasil.